天保改革と印旛沼普請

鏑木行廣

はじめに

印旛沼は、千葉県の北部にある。今では沼の中央部が埋め立てられて北部調整池（北印旛沼）と西部調整池（西印旛沼）に分かれているが、かつてはWの形をした大きな沼であった。

この印旛沼で、天保十四年、五藩による大規模なお手伝い普請が実施された。普請を推進したのは老中の水野忠邦であった。当時、水野は天保の改革に取り組んでいたが、気掛かりだったのは鎖国中の日本に接近して来るようになった外国の存在であった。もし、外国によって江戸湾の入り口が封鎖された場合、物資の輸送ルートが閉ざされてしまうおそれがあった。

そこで、海上を通らずに江戸湾内に入る内陸水運ルートを新たに開発しようとして目をつけたのが印旛沼であった。印旛沼では、かつて江戸湾とを結ぶ堀割の普請が二度にわたって実施された経緯があり、その堀割跡は放置されたままの状態となっていた。普請によって堀割が完成すれば、船は利根川から印旛沼に入り、ここを通って江戸湾に出られるようになる。

本書の印旛沼堀割普請は、この堀割をめぐる普請のことである。堀割の長さは九五〇〇間余で、一七キロ余の間を五区に分けて五藩に担当させた。普請所には、普請を指揮・監督する幕府の役人、普請を命じられた五藩の家臣、堀割を掘る人夫、人夫を相手にする商売人や博奕渡世人といったさまざまな階層の人々が江戸をはじめ各地から大勢集まった。それまで静かだった普請所の周辺はにわかににぎやかとなり、人々はいやおうなしに普請の渦の中に巻き込まれたが、この機会を逃すまいと人夫として働く者、人夫宿や商売で一攫千金を夢見る者もいた。

延べ一〇〇万人前後の人夫と莫大な費用を費やしたお手伝い普請は、水野の失脚によってわずか三か月で幕を閉じてしまったが、そこにはいろいろな思いが複雑に交錯した人間模様を感じ取ることができる。

普請所に出張した庄内藩の家臣竹内八郎右衛門（鶴岡市郷土資料館蔵）、江戸南町奉行所の同心加藤太左衛門（船橋市西図書館蔵）、庄内藩の大庄屋久松宗作（久松俊一家蔵）などが書き残した日記・記録類には、幕府への不満、家臣や人夫の死、もめごと、天候、食事など興味深い内容が数多くつづられている。

本書は、日記形式で一日一日を追いながら、それぞれに置かれた立場で堀割普請にかかわった人々の心情を浮かび上がらせることをねらいとしている。読者の方々には、この天保の印旛沼堀割普請について、こういうこともあったのかと記憶のすみにとどめていただけたら幸いである。

二〇〇一年九月

鏑木行廣

目次

天保改革と印旛沼普請

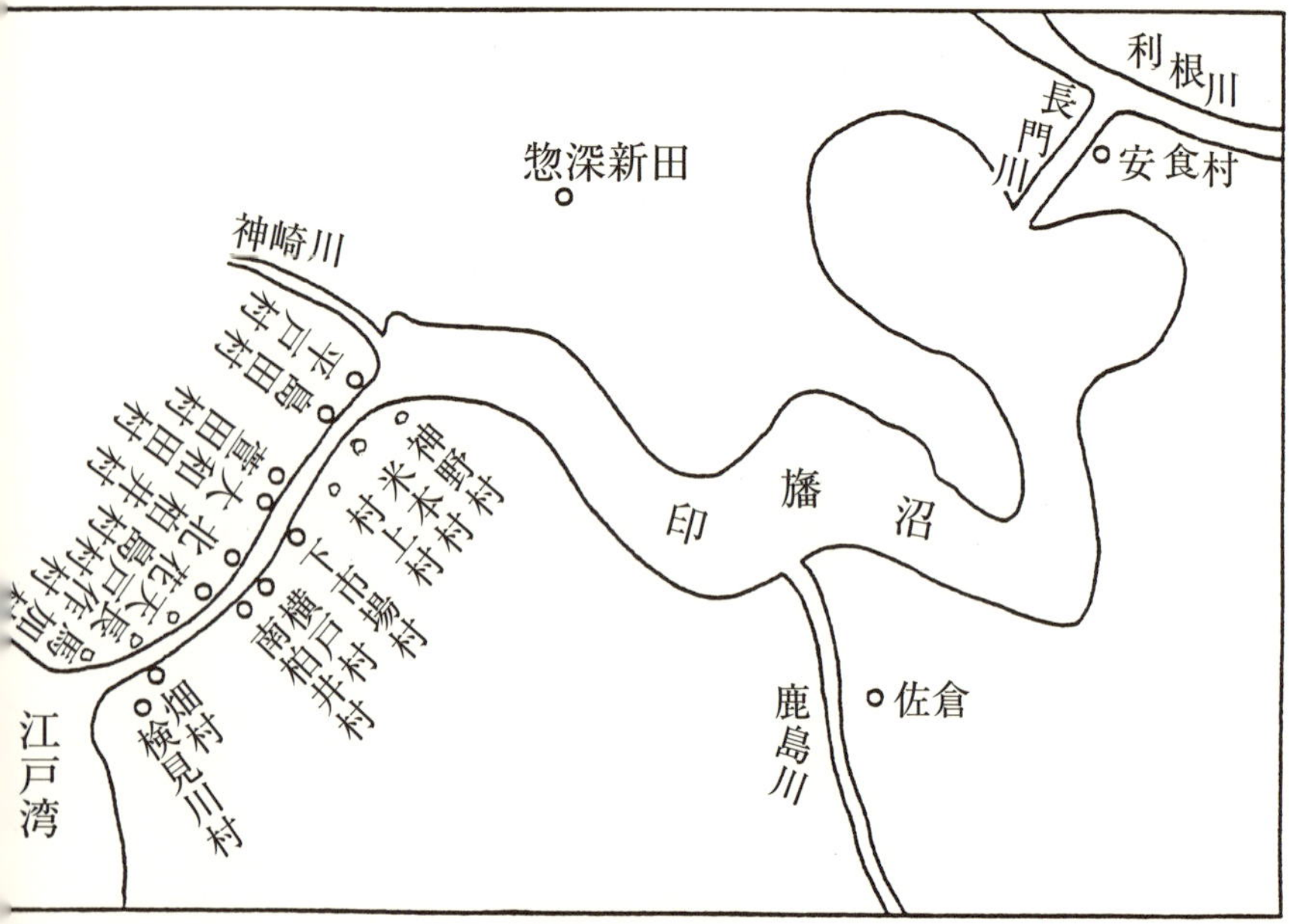

普請所付近の地図

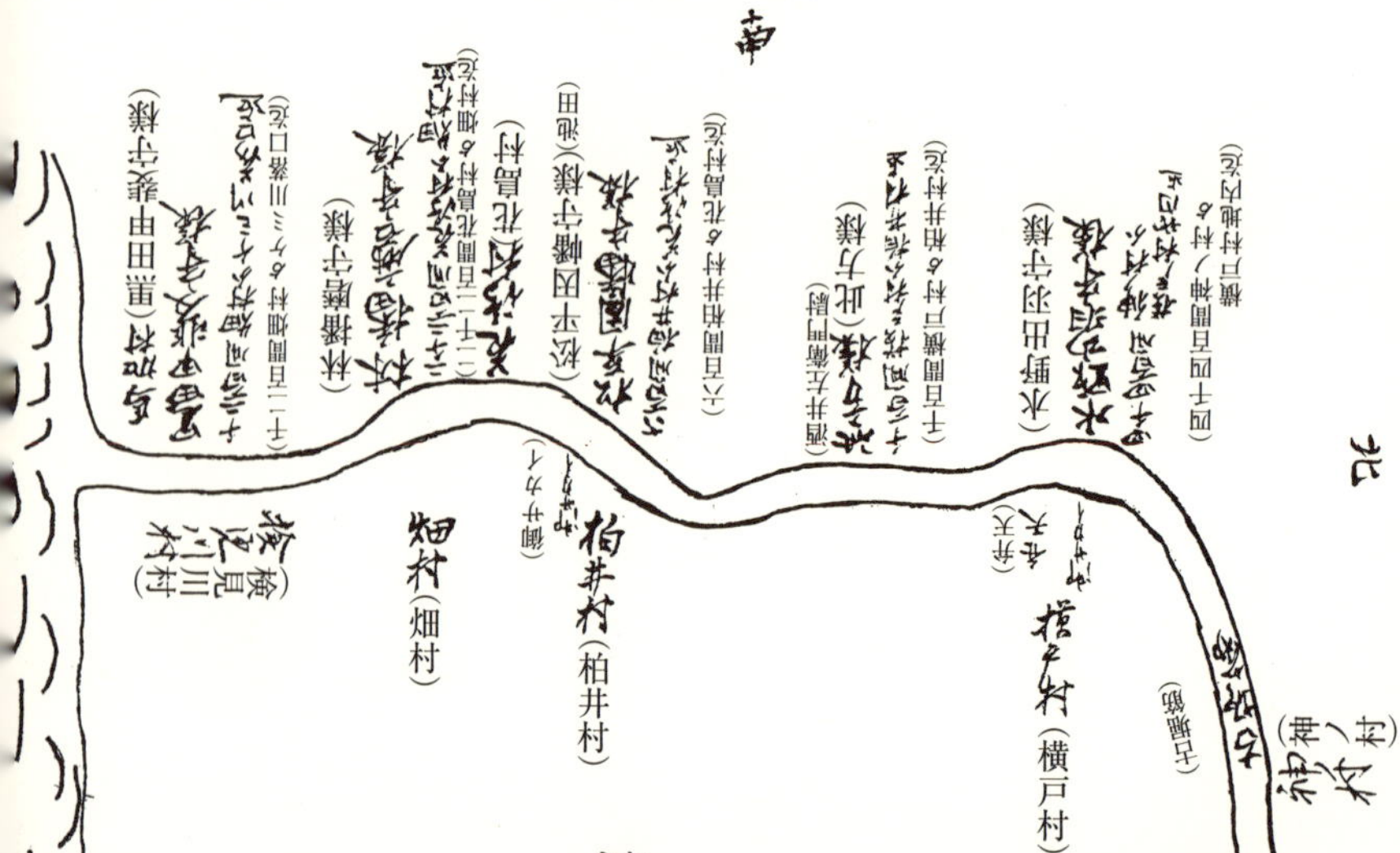

五藩の持場（山形県八幡町、阿部忠男家文書）

序章　過去二度の印旛沼堀割普請と天保の計画

一　享保・天明の印旛沼堀割普請

享保の印旛沼堀割普請

印旛沼について、安政二年（一八五五）序文の『利根川図志』（赤松宗旦著）には、「印旛郡なり。其水上は船尾村神崎橋より落ち、また一方は佐倉の城山をめぐりて鹿島橋より落つ。下は安食より利根川に合す。凡長さ七里、広さ二里許、沼の中に佐久知穴また花島山等あり。其外古跡多し」と記されている。

沼縁の村々は魚、鳥、藻草など多くの恵みを沼から得ていたが、一方では洪水によって大きな被害を受けることも度々であった。印旛沼には鹿島川や神崎川などが流れ込んでいたが、沼から外へ流れ出る川は利根川と結ぶ長門川しかなかった。それに印旛沼と利根川の水位の差があまりなかったから、大雨によって利根川の水位が高くなると水が逆流し、沼縁の村々に大きな被害をもたらしたのである。

そこで、沼縁の村々は何とか水害を防止したいと考えたが、これらを実現するためには印旛沼の水の調整が不可欠であった。しかし、長門川ではその役割を果たすことはできなかった。こうした中から、堀を掘って印旛沼の水を江戸湾に落とそうという遠大な構想が浮上した。その構想とは、千葉郡横戸村（現千葉市）を分水嶺として、千葉郡平戸村（現八千代市）地先で印旛沼に流れ込んでいた川と千葉郡検見川村地先で海に流れ込んでいた川を堀割で結んで一つの川にしようとするものであった。

堀割普請が完成すれば、仮に利根川の水が逆流してもこれまでのような被害を受けることはなくなり、水が減った沼縁には新田が開かれ、沼内の水運だけでなく利根川と江戸湾を結ぶ輸送路として重要な動脈になると期待された。一挙両得どころか、それ以上の効果を生むはずであった。

享保の印旛沼堀割普請は、享保九年（一七二四）八月に平戸村の源右衛門らが印旛沼を開鑿して新田の開発をしたいと幕府に願い出たのがはじまりであった。当時、幕府では、享保七年に新田の開発を奨励する高札を江戸日本橋に掲げたように、享保の改革の一環としてこれを推進していた。こうしたことから、幕府は、さっそく土木技術にすぐれた勘定の井沢弥惣兵衛為永らを印旛沼に遣わして調査させた。

その調査による見積もりは、次のとおりであった。

①堀割の長さは九三八四間で、里数にして四里一二町余。
②土坪数は一一六万三一四四坪。

③人夫は、一坪に一三人の割合で延べ一五〇七万七三一五人。
④人夫の賃金は一人につき一日銀一匁二分で、金に換算して三〇万一一四六両余（計算では三〇万一五四六両余）。
⑤潰れ地は七〇町歩余。
⑥潰れ地の買い上げ値段は、一反につき平均金二両。計算すると、金一四〇〇両余となる。
⑦海面の干満の差は五尺八寸。

普請は、この見積もりにもとづいて幕府から数千両を借用した源右衛門らによって実施された。しかし、源右衛門をはじめ志を同じくした七、八人は多額の負債を抱え込んで財産を傾けたため、やむなく普請は中止となった。

天明の印旛沼堀割普請

天明の印旛沼堀割普請は、新田の開発と水害の防止を目的として、老中の田沼主殿頭意次の時に実施された。その動きは、安永九年（一七八〇）八月に幕府領であった印旛郡惣深新田（現印西市）名主の平左衛門と千葉郡島田村（現八千代市）名主の治郎兵衛の二人が、印旛沼開鑿の目論見書を幕府代官宮村孫左衛門高豊の手代に差し出したところからはじまった。

目論見書は、印旛沼口の平戸橋から検見川村の海面まで九〇〇〇間の普請と利根川の水が流入しないよう印旛郡埜原新田（現千葉県本埜村）から埴生郡安食村（現千葉県栄町）まで八〇間余を締め切る普請に関するもので、普請費用を金三万両と見積もっている。普請が完成すれば三四〇〇町歩余の新田ができるので、これを一反につき平均金一両で売却すれば金三万四〇〇〇両余となり、利子が年に金三〇〇両で、検地によって正式に課税対象の土地となるまでの猶予期間が七年ほどであれば返済できるとしている。

十月になって、二人は再び目論見書を差し出した。その中で、普請が完成すれば沼縁の村々は水害から逃れられ、不要になった堤は新田の開発に際して屋敷地に利用できるし、江戸までの水運が設けられて荷物を扱う河岸場ができると記している。そして堀割のルートについては、二、三箇所の候補があるが、横戸村後通りが最適であるとしている。二人は、この横戸村後通りを基礎にして、堀割の普請と締め切りの普請の見積もりを差し出した。人夫は一四一万九〇〇〇人余で、普請費用は一人につき一日銀一匁五分の賃金、潰れ地の地代金、そのほか諸費用を合わせて金三万六〇〇〇両余となっている。これとは別に人夫二四二万六〇〇〇人、普請費用金六万両余という見積もりも差し出している。

翌天明元年八月、今度は堀床を二〇間とした場合の見積もりを命じられた。二人は、作成した見積書の最後に、「堀床を二〇間とするのは利根川の分水を考えてのことと思われるが、今度の計画は印旛沼の水を落とすのが目的なので、堀床は八間で十分ではないか」と記している。

この普請は商人などの資本力を頼りにしていたようで、九月中旬から下旬にかけて金主となる大坂の天王寺屋藤八郎や江戸浅草の長谷川新五郎らが印旛沼の現地を訪れた。そして十月には、平左衛門と治郎兵衛の二人が立ち会って、金主の新田の取り分は八割と決められた。十二月に入ると、二人は改めて金四万

五、六〇〇〇両の見積もりを命じられた。天明二年から普請の具体的な準備に入り、やがて鍬入れとなった。普請が進むにつれて、開発を請け負う村や人々が増えていった。

ところが、天明三年に噴火した浅間山の火山灰が利根川に流入して川底が浅くなっていたところへ、同六年の五月から七月にかけて断続的に雨が降り続いたため、関東一帯は大洪水に見舞われ、普請所も壊滅的な被害を受けてしまった。この大洪水は、『武江年表』に「関八州近在近国の洪水はことに甚だしく、筆紙に尽しがたしとぞ」と記されているように、これまでにない大規模なものであった。それと、老中の田沼が失脚したこともあって、普請は中止となった。

二　天保の印旛沼堀割普請計画

印旛沼堀割跡と下利根川流域の調査

天保の印旛沼堀割普請の計画は天保十一年ごろから動きはじめたようで、十一月には勘定組頭の五味与三郎や勘定の楢原謙十郎らが過去に実施された普請の堀割跡を調査した。その報告書によると、印旛沼の沼口から検見川村地先の江戸湾海面までの長さは九五九三間（一七キロ余）で、勾配は一〇〇間（一八二メートル）につき一寸二分（三・六センチ）の割合で江戸湾の方が一丈二尺三寸（三・七メートル）低く、普請費用の見積もりは用意金を含めて金二〇万八二一六両となっている。

翌十二年には、勘定の楢原や支配勘定格の宮田管太郎らが常陸国鹿島郡賀村（現茨城県神栖町）宝殿前から深芝村（現神栖町）までの堀割調査を実施した。この調査は、二〇年以前の文政五年（一八二二）に当時の勘定奉行の村垣淡路守定行らが提出した意見書にもとづいていた。

下利根川流域は、度重なる水害による土砂の流入や天明三年の浅間山の噴火による火山灰の堆積で浅瀬化し、水害の危険性が増すとともに船の通行にも支障を生じていた。そこで、鹿島灘に水を落とすための堀割を設けて通水をよくして、これらの問題を解決しようとしたのである。その後、楢原や宮田らは印旛沼の調査も実施している。

天保十三年に入ると、動きが目立って大きくなった。八月には、後に印旛沼堀割普請に携わることになる勘定奉行の梶野土佐守良材や代官の篠田藤四郎らが下利根川流域の調査を実施した。

三日に江戸を出立した一行は、佐倉道（成田道とも呼ばれる）の船橋（現船橋市）、大和田（現八千代市）、佐倉に宿泊して六日に埴生郡安食村に到着。翌七日、印旛沼と利根川を結ぶ長門川の河岸から米一五〇俵積程度の船で利根川を下って香取郡佐原村へと向かった。その後、銚子、常陸国鹿島郡大船津村（現鹿嶋市）、同国行方郡潮来村と巡り、十七日に香取郡押砂村（現茨城県東町）に宿泊。そこから長門川の河岸に戻り、印旛郡布鎌新田南端の将監川沿いに木下（現印西市）に出て、さらに相馬郡布佐村（現我孫子市）へと足を延ばしている。

印旛沼堀割跡の試掘

十月には、印旛沼堀割普請の中で最も困難な普請が予想される横戸村付近の高台と花島村（現千葉市）の花島観音下で試掘を実施した。高台は普請区間で最も高い場所に位置していたから、それだけ深く掘り下げなければならなかった箇所であった。一方、花島観音下は水分を多く含んだ化灯土という腐植土が堆積していて、いくら掘っても一晩で元に戻ってしまうという厄介な土質であった。

試掘は十四日に鍬入れとなり、篠田が担当した。十七日には梶野をはじめとして、勘定組頭の立田岩太郎、勘定の白石十太夫、支配勘定格の大竹伊兵衛らが大和田村に到着した。後には普請役格に登用された農政家の二宮尊徳も加わった。梶野らの一行は試掘現場を検分するとともに、普請に関するさまざまな情報の収集にあたった。そして二十一日には、馬加村（現千葉市）に堀割筋となる村々から村役人を呼び出し、普請の趣旨を諭して印を押させた。趣旨の内容は、およそ次のようであった。

この度の堀割普請は、利根川通りの水害の防止はもちろん深い考えがあって行うもので、これが完成すれば周辺の村々の潤いとなる。普請によって潰れる土地をはじめさしあたって難渋することもあるだろうが、追々迷惑がないように取り計らうので安心するように。

その後、梶野らは、銚子菜（名）洗浦を検分した。

高台の試掘は予定のとおり進捗したようで、二十五日に現場を見物した布鎌新田の農民が、五〇人の人夫が普請にあたり、水車が五挺、水替え桶が五～六挺あったと記している。しかし花島観音下の試掘は掘り悩み、天明の時の杭木がおびただしく出るなど、改めて普請の難しさを物語っていた。

試掘は十一月に入って終了した。このころ幕府では普請の目論見をめぐって篠田と立田・大竹との間で意見の違いが露呈していたが、八日に篠田が勘定組頭上座取箇掛りとなって代官と利根川分水掛りを兼ね、立田は利根川分水掛りを免じられた。これによって篠田の意見が採用されたことを示唆しているが、大竹はこの人事について全く理解できないと憤慨している。

二宮も普請に関する意見書を提出した。しかし、内容が、普請費用の中からまず三才報徳金という貸付法を設けて困窮した人々を救い、その後に普請を完成させるものであったので、普請期間が問題になったと思われ、結局は採用されなかった。

印旛沼堀割普請の決定

幕府の役人がいろいろと調査を実施している一方で、老中の水野越前守忠邦は家臣を通じて現地の情報収集にあたっていた。たまたま印旛沼周辺の一部の村が天保十年から自分の藩の浜松藩領になっていたので、情報を収集するには都合がよかったのである。

惣深新田の名主源兵衛に宛てた天保十一年十二月の家臣の書状では、勘定組頭の五味らが実施した堀割跡の検分を手伝っていた源兵衛にこれまで何度か書状を出したが、なかなか返事がなくてやきもきしていたようで、とにかく早々に出府するように促している。また翌年閏正月の書状では、花島観音下の難場を含めて印旛沼堀割に関する意見を求めるとともに、このことについて内密にして決して口外しないように念を押している。こうした家臣の書状から、水野が印旛沼堀割普請に並々ならぬ決意で取り組もうとしている姿勢がうかがえる。

幕府の役人による一連の調査をふまえて、印旛沼堀割普請と菜洗浦堀割普請の堀床一〇間と二〇間の見積もりが作成された。印旛沼堀割普請の堀床一〇間案は、普請費用が金一三万四〇〇〇両余で、ほかに人夫小屋の普請費用や堀割普請による潰れ地の代米などの諸費用が金二万両余、米一五〇〇石余であった。堀床二〇間案は、普請費用が金二二万両余で、ほかに諸費用が金三万両余、米三〇〇〇石弱であった。また菜洗浦堀割普請の堀床一〇間案は金三万両余で、堀床二〇間案は金五万三〇〇〇両余であった。この菜洗浦堀割普請は、利根川から堀を掘って菜洗浦に分水することによって利根川の水を動かし、浅瀬化問題に対処しようとしたものであった。

見積もりは天保十三年十一月十五日に梶野から水野に差し出されたが、決定が下されたのは翌十四年五月一日であった。印旛沼堀割普請は堀床一〇間案が採用され、菜洗浦堀割普請は見送られた。決定が下されるまでの間、幕府内では、どちらの普請を優先するか、あるいは二か所の普請を同時に実施するかとか、さまざまな問題点が検討された。その結果として菜洗浦堀割普請が見送られたのは、財政の問題や岩盤があって難しいということもあったが、印旛沼堀割普請と比べた時の重要度が最も大きな理由であったろう。

これによって印旛沼堀割普請は本格化することになったが、最も頭を悩ませたのが金一五万両余に及ぶという莫大な普請費用の捻出であった。幕府には財政の余力はなく、金座の後藤家に負担させる案も考えられたというが、最終的には大名によるお手伝い普請が浮上した。

第一章　六月・お手伝い大名と幕府役人の任命

一　庄内藩とお手伝い普請

庄内藩中老竹内の嘆き

〈六月九日〉

庄内藩の江戸屋敷に、明十日の四つ時（午前十時）に登城するようにという老中の奉書が届いた。これを聞いた竹内八郎右衛門茂正は、「きっと印旛沼堀割普請の件にちがいない」と思った。

竹内の役職は中老で、江戸詰として在勤していたが、国元を出て江戸に着いたのはこの年の三月二十六日であった。竹内は次男で、はじめは他家に養子として出ていたが、兄の死によって家に戻り、天保元年に一一〇〇石を相続した。天保九年八月には中老に進んだが、この役職は家老に次ぐもので、父の茂林は中老を勤めてから家老になっている。庄内藩の藩主は、天保十三年四月に家督を継いだ酒井左衛門尉忠発で、一四万石を領していた。酒井氏は、徳川氏と古くから姻戚関係を結び、譜代大名の中でも最も格式のある家柄の一つであった。二代の忠次は、永禄七年（一五六四）に三河の吉田城を賜り、数々の戦いで多くの戦功をあげ、井伊直政、榊原康政、本多忠勝とともに「徳川四天王」と呼ばれるように、徳川家康の側近として軍事的・政治的手腕を発揮した人物である。嫡子の家次も家康に仕え、天正十八年（一五九〇）には家康の関東入部に際して吉田城から下総の臼井城三万石に移された。次いで慶長九年（一六〇四）には、二万石を加えられて上野の高崎城に移された。後に左衛門尉に任じられ、大坂の役の論功行賞によって五万石を加えられて合わせて一〇万石となり、越後の高田城に移された。元和四年（一六一八）に家次の遺領を継いだ忠勝は、翌年に信濃の松代城に移された。さらに元和八年には、三万八〇〇〇石を加えられて出羽の田川・飽海両郡に移され、鶴ケ岡城と亀ケ崎城の二城を賜った。二城というのは異例の優遇措置で、これについて老中からは「陸奥・越後両国の間に位置する軍事上重要な地域だからこそ格別な家柄の酒井家が仰せ付けられたのであり、両城を守護して永く天下の藩屏たるべし」と励まされた。忠勝は鶴ケ岡城を居城と定め、ここに庄内藩が成立した。寛永九年（一六三二）には十四万石となり、以後明治維新まで変わらなかった。

竹内が印旛沼堀割普請のお手伝いの件にちがいないと思ったのは、天保十一年十一月の三方領知替えに

端を発する農民による転封阻止運動で、庄内藩が老中の水野に煮え湯を飲ませていたからである。

三方領知替えは、当時藩主であった酒井左衛門尉忠器を越後の長岡に、長岡藩主の牧野備前守忠雅を武蔵の川越に、そして川越藩主の松平大和守斉典を庄内にそれぞれ移すものであった。領知替えが命じられると、庄内藩の農民は、新しい藩主の入封によって年貢が高くなったりして生活が脅かされるのを恐れて、幕府の要人や水戸藩などに歎願して撤回を求めて激しい運動を展開した。この問題は、幕府内であくまでも領知替えを主張する水野と庄内藩に同情する人々の間で論争となり、最後は一二代将軍家慶の裁断によって天保十二年七月に撤回されて決着した。一度出された幕命が、こうした農民の運動で撤回されるのは前代未聞であり、幕府の弱体化が露呈した出来事でもあった。

庄内藩は、その前の天保三年にも日光東照宮修復金として金三万両を支出しており、そこへ印旛沼堀割普請を命じられれば財政的に苦しい局面を迎えることは必死であった。

竹内は、この日の日記に「打重なり候御物入り何とも苦々しく嘆息堪えず候」と記している。水野の報復と普請費用の捻出のことが頭に浮かんだのであろうか。

悲運のお手伝い大名

〈六月十日〉

九つ時（正午）過ぎ、登城していた留守居の大山庄太夫から「利根川分水路印旛沼古堀筋御普請御用」

を仰せつかったという知らせが江戸屋敷にもたらされた。

竹内の不安が的中した。庄内藩にとって、苦悩の日々の幕開けである。藩では、すぐさま国元に向けて道中四日の早飛脚を出した。

お手伝い普請の申し渡しは、老中の真田信濃守幸貫、堀田備中守正篤（正睦）、それに水野が列座して、土井大炊頭利位からなされた。ほかに駿河沼津藩主の水野出羽守忠武（五万石）、上総貝淵藩主の林播磨守忠旭（一万石）、因幡鳥取藩主の池田因幡守慶行（三二万五千石）、筑前秋月藩主の黒田甲斐守長元（五万石）がお手伝い普請を命じられたが、この時、鳥取藩主と秋月藩主は参勤交代で江戸を留守にしていた。

鳥取藩では、夕刻に留守居が呼び出されて老中の土井から奉書が渡されると、すぐさま、江戸に向かう途次にあった藩主のもとに使者を出した。使者は、東海道小田原宿で藩主に奉書を手渡し、十三日に江戸に帰った。

一方、秋月藩は、藩主の長元が江戸在勤を終え、六月二十一日に大坂着、七月四日国元着の予定で六月六日に江戸を離れていたので、これもすぐさま使者を出した。使者は、東海道大津宿で追いつき藩主に奉書を手渡した。

庄内藩を除いた四藩も、お手伝い普請に選ばれた理由はそれぞれあるだろうが、喜ばしいことではない。とどのつまり、水野によく思われていなかったとしか言いようがない。

この日のうちに水野から呼び出された五藩の留守居は、今回のお手伝い普請は「場所仕立」とし、それぞれの持場については追って伝えると申し渡された。

お手伝い普請は大名に対する課役の一つで、幕府の土木普請に際して労働力や金銭を負担しなければならなかった。当初は場所仕立であったから実際に土木普請に携わったが、しだいに形式化してお手伝い普請を命じられても金銭だけを幕府に納めるようになっていた。それが今回は場所仕立である。これには五藩の留守居も驚いたにちがいない。

同じ日、幕府側の責任者として、町奉行の鳥居甲斐守耀蔵（忠耀）、勘定奉行の梶野良材、目付の戸田寛十郎氏栄、それに五月三十日に勘定吟味役となった篠田藤四郎の四人が命じられた。

鳥居は幕府の儒者であった林大学頭述斎の三男として生まれ、文政三年（一八二〇）に鳥居家の養子となり、天保十二年に目付から町奉行に昇進した。目付時代の天保十年には蛮社の獄で洋学者を弾圧し、町奉行となってからは江戸の町の人々の生活をきびしく規制したりして辣腕を振るったので、甲斐守耀蔵をもじって「妖怪」と呼ばれた。また、金座の後藤三右衛門と書物奉行の渋川六蔵とともに「水野の三羽烏」といわれ、幕府政治に大きな影響を及ぼした人物である。梶野は奈良奉行や京都町奉行などを歴任した後に作事奉行から勘定奉行に、戸田は徒頭や使番を経て目付にそれぞれ昇進した。

幕府普請責任者の職務

〈六月十一日〉

この日の朝、五藩の留守居が大目付の松平豊前守政周に呼び出され、その席で幕府の掛り役人に贈り物は無用と申し渡された。印旛沼堀割普請は、幕府の見積もりで金一五万両余を要する巨大なプロジェクトで、しかも五藩による「場所仕立」であった。そこで、幕府側の責任者への挨拶や贈り物はもちろん、普請がはじまれば現場には幕府の掛り役人と五藩の家臣が居合わせることになるので、賄賂と受け取られそうな行為をしないようにあらかじめ釘をさしたのである。

夕方、後に副奉行を勤める黒崎与助が竹内のところにやって来て、「印旛沼堀割普請の総奉行に予定しているので内達しておくように」と殿が仰せられたと伝えた。竹内はお礼を述べてから、御用掛りを選ばなければならないが、まだ普請の模様がわからないので幕府勘定所の達しがあり次第考えると答えた。

〈六月十二日〉

竹内はじっとしていられなかったのか、この日、殿にお目通りして、普請所に出張させる御用掛りの人選についていろいろと話をした。その際、留守居の大山を推薦した。

大山は、豊かな才能とすぐれた社交性を発揮して天保九年には留守居に昇進し、加増を重ねて実力者としての地位を確立していた。印旛沼堀割普請が終わった後は、酒井右京や松平舎人ら藩の重臣による藩政改革、藩主排斥の陰謀に加わってしだいに地位を失い、文久二年（一八六二）に隠居している。隠居はしても精力的に活動を続け、慶応二年（一八六六）に画策していた公武合体の企てが発覚し、大山は監禁されていた自宅の便所で自刃して果てたが、亡骸は塩漬けにされて翌年に刑場で腰切りの刑に処せられている。

〈六月十三日〉

留守居の大山と留守居添役の加藤九助の両人へ、十五日に御用掛りを申し付けることになった。五藩の留守居が老中の水野に呼び出されて書付を渡された。内容は、普請の支障にならなければ家格にかかわらず掛り役人の数を減らし、衣類や旅具などは日ごろから使用しているものとし、会所や普請小屋なども華美にしないように、という注意であった。

水野が推し進めていた天保の改革では、倹約令によって人々の生活がきびしく規制されていたから、これを反映したものとなっている。

続けて、すでに幕府の掛り役人に贈り物は無用と達してあるように、普請小屋では料理、菓子、酒などは出してはならず、このことを家臣に徹底するようにと厳重に申し付けられた。

この日、町奉行の鳥居、勘定奉行の梶野、目付の戸田、勘定吟味役の篠田の四人は、自分たちの御用の勤め方について伺い書を水野に差し出した。それぞれの職務は次のようになっている。

鳥居は、配下の与力・同心を遣わして普請所の治安維持にあたらせ、自身は御用の合間に現場を見回る。印旛沼堀割普請は大規模な土木普請なので、労働力として一日に数千人の人夫を必要とした。それらの人夫は、堀割の周辺だけではなく、地理的に近いこともあり江戸からも大勢集まると予想されたからである。

梶野は、先例によれば勘定奉行は普請所には行かないが、この度は場所の検分をはじめとして計画の段階からかかわっているので、準備のときはもちろん普請中も何度も現場を見回る。

戸田は、徒目付と小人目付を普請所に常駐させて監察にあたらせ、自身も常駐同様の心得で折々現場を見回る。

篠田は、先例のとおり現地に常駐して普請所を毎日見回り、取り締まり向きはもちろん普請に関してすべてを指図する。

〈六月十四日〉

竹内は殿にお目通りを願い、昨日の幕府からの達しによって御用掛りの人数は家格のとおりにもできないので、ほかの四藩とも話し合って少し減らさざるをえないのではないかと述べた。そのうえで、明日の御用掛りの任命はひとまず見合わせ、どうしても欠かせない者には内達するように進言した。

〈六月十五日〉

昨日の進言により、郡代の服部慎蔵、留守居の大山と矢口弥兵衛に御用掛りを内達し、そのほかの人選についてはとりあえず見合わせた。

六日に国元を立った飛脚が江戸屋敷に着いた。「庄内表御静謐也」。庄内は何事もなく静かであったが、入れ替わりで十日に江戸を立った飛脚が着くころで、国元も忙しくなるのは間違いなかった。

夕方になって老中の水野から呼び出しがあり、五藩の持場を記した書付がそれぞれの留守居に手渡されたが、書面は「下総国印旛沼古堀筋神野村・平戸村地先より横戸村地内まで」というような簡単なものであった。これは印旛沼口からの担当になった沼津藩の持場で、以下順に、庄内藩は「横戸村地内より柏井村地内まで」、鳥取藩は「柏井村地内より花島村地内まで」、貝淵藩は「花島村地内より畑村地内まで」、秋月藩は「畑村地内より検見川村海辺まで」と決まった。

難しい普請が予想されるために試掘が実施された高台は庄内藩、そして花島観音下は鳥取藩の持場内にあった。持場の長さは沼津藩が四四〇〇間（約八キロ）、庄内藩が一一〇〇間（約二キロ）、鳥取藩が六〇〇間（一キロ余）、貝淵藩が二二〇〇間（約四キロ）、秋月藩が一二〇〇間（二キロ余）となるのであるが、この時点ではまだ普請の詳細は知らされなかった。

町奉行の鳥居らの職務についての伺い書はこの日にそのとおりに心得るようにと認められたが、鳥居に対しては水野から特別に指示があった。その内容は、普請所の治安維持のために配下の与力と同心を絶えず見回りにあたらせ、五藩の掛り役人の不作法行為、盗賊や博奕、村役人や人夫小頭の不正、根拠のない風説などがあれば探索をして召し捕えるようにと職務を確認したうえで、検分の際に気づいたところを勘定奉行の梶野や勘定吟味役の篠田に話をするのはいいが、些細な事柄を咎めて難しくしてはならない、というものであった。

水野は鳥居の性格をよく知っていたから、咎め立てによって普請が遅延するような混乱状態になっては困るので、とにかく支障なく普請を進捗させるために「取締向専一」を職務と心得るように強く念を押したのである。

目付の戸田は、御用掛りとして普請所詰めとなる配下の徒目付と小人目付の人数について伺い書を出した。人数は徒目付が五人、小人目付が一〇人となっているが、戸田はこの御用に見合う先例がなかったので、勘定所に勘定方の人数を問い合わせたうえで一藩に徒目付一人、小人目付二人の割合で決めたのである。伺い書は即日認められた。

〈六月十六日〉

夕方、留守居の大山から、今日仰せ付けられたという幕府勘定方の場所掛りと江戸掛りの役人名が書面で届けられた。書面には、場所掛りが勘定組頭の白石十太夫、勘定吟味方改役の笹本茂三郎、勘定の愛知升七郎、渡辺左太夫、土肥伝右衛門、武井辰太郎、支配勘定格の大竹伊兵衛、江戸掛りが勘定組頭の金田故三郎、勘定の岡田利喜次郎、榎本円兵衛、勘定吟味方の大島包三郎と記されていた。

二　お手伝い大名と幕府の対応

普請の伺いと掛り役人

〈六月十七日〉

この日、竹内は、留守居中役の富樫泰助と郡代方の佐藤右内に、成田という所へ稲荷参詣と称して持場の周辺を探るように申し付けた。

──持場はわかったが、それがどのような場所なのかまったく不案内であった。いずれは幕府から普請の詳細な仕様帳や絵図が渡され、それに従って準備を進めることになるが、とにかく現地を知らないというのはどうしても不安だったにちがいない。とはいっても、公然と現地のようすを探るのはできにくかったので、稲荷参詣を名目としたと考えられる（成田の稲荷というのはたぶん竹内の勘違いで、成田山新勝寺を指しているのであろう）。江戸からは佐倉道を利用することになるが、街道は成田参詣の人々でにぎわっていたし、それにうまい具合に普請所を横切っていた。最寄りの宿場は大和田宿で、後年の例ではあるが、文久三年（一八六三）の五月二十一日から六月十八日までの宿泊者数は、二八日間で五二一組一四三六人となっている。平均すると宿泊者は一日五一人で、旅の目的は六〇パーセント余が成田参詣であった。庄内藩の持場は、この大和田宿から直線距離にして一・七キロほどの近さであったので、成田参詣を名目とするには都合がよかったのである。

〈六月十八日〉

この日は忙しい一日であった。まず留守居が勘定奉行の梶野に呼び出され、江戸城の大広間小溜で目付の戸田と勘定吟味役の篠田の立ち会いのもとに普請所の絵図と心得方の書付が渡された。その心得方の書付には、およそ次のようなことが書かれていた。

一、小屋場地所はなるべく芝地や空き地を選び、もし無年貢地がなくて年貢地に建てる場合は相当の地代金を地主に支払うこと。

一、普請の取り掛かりはなるべく急ぎたいと考えており、そのころあいは書付で知らせるので、その際にすぐに取り掛かれるように準備をしておくこと。

一、御用掛り役人の名前を届けること。

一、贈り物はもちろん、もてなしの行為をしてはならない。この趣旨を掛り役人や家臣に徹底すること。

一、お手伝い方の役人に用談がある時は、すべて目付方が立ち会う。

一、小屋場の近所で出火した場合は、風向きによって処置をすること。

一、竹木そのほかを運送する人夫に支障がないようにすること。

一、普請に精通した役人を派遣して普請が進捗するようにし、何か気がついたら遠慮なく勘定方の役人に話すこと。

一、普請所の注意書きを別紙のとおり渡すので、元小屋に張っておくこと。

一、普請中は不作法がないように慎むべきこと。

一、博奕はもちろん喧嘩や口論などかたく慎むこと。もし違反した者は処罰する。また荷担した者はその者よりも重くする。

一、何か言い分があっても、それは普請が完成してからにすること。

一、重大な罪があった場合は掛り役人の指図を受け、私の争論はしないこと。

一、この度の普請は、新田開発ではなく、水害の防止と水運を便利にするためのものである。その趣旨を心得て普請をすること。

この心得で注目されるのは最後の項目で、普請の目的は新田開発ではないと明確に否定しており、これまでの享保や天明の普請との目的の違いがわかる。お手伝い普請となった天保の印旛沼堀割普請は「利根川分水路印旛沼古堀筋御普請」が正式名称であり、堀割を利根川の分水路と位置づけているところに普請の目的となっている水害の防止と水運の意義を読み取ることができる。中でも水運は、外国によって万一江戸湾が封鎖された場合の物資輸送ルートを確保するためで、これが普請の本当の目的であったという。天保期は、モリソン号事件、天保の薪水給与令というように外国とのかかわりが表面化していた。中国ではアヘン戦争が起きている。幕府は、こうした事態に危機感を持っていたといわれている。

梶野の用事が終わり、次いで勘定組頭の白石から、「お手伝い普請は久しくなかったところへ、場所仕立を仰せ付けられたのでさぞかし心配のことと存ずるが、以前のことについては作法が難しいと伝えられているけれども、この度は成功第一であるから、しきたりにこだわらず無駄を省き、よい方法があれば遠慮なく申し出るように」と話があった。そのうえで、普請に関して次のような指示があった。

一、この度の普請はすべて掘り込みなので、人数が多く掛り、掘った土は遠くに捨てる以外方法がない。水替え回し掘りについては、お手伝い方で申し合わせて進捗を第一に取り計らうように。

一、先例にならって場所掛りの役人が残らず揃ってまかり越すとなると、時が移ってしまうので、掛り役人のうち四、五人を来月初旬に普請所へ遣わし、小屋を建てる準備をするように。

一、普請仕様や土捨て場は印杭を打って引き渡すので、領内には普請に精通した者もいるだろうから勝手次第に呼び寄せ、関東のやり方にかかわらず便利がよい方法によって取り計らうように。

一、関東筋の村々から普請所にやって来て、人夫に雇われる者も大勢いるだろう。その際、賃銭など過分に要求する者がいれば幕府の掛り役人に相談するように。

一、掛り役人は、応対に注意を払い、成功第一の心掛けで勤めるように。

こうした動きから、普請が急がれると感じた庄内藩は、この夜、人夫として六〇〇人くらいの農民、郡奉行・代官クラスをはじめとする家臣や医師を遣わすように国元に御用状を出した。

〈六月十九日〉

竹内は、大工の棟梁の直沢縄右衛門らを近々印旛沼の普請所に遣わすように指示を出した。これは藩の出張役所となる元小屋の普請に取り掛かる準備のためであった。

鳥取藩では、家老の乾八次郎が総奉行を申し付けられた。

〈六月二十日〉

この日、五藩の留守居が普請に関する伺い書を幕府勘定所に差し出した。

鳥取藩

問　小屋場地所の引き渡しの節、掛り役人が出張して受け取り、小屋の普請について伺ったうえでいったん引き取り、江戸で材木を切り組み、現地で組み立てるのか。または、すぐさま現地で材木を買い上げて普請をするのか。

答　どちらでもよいが、小屋の普請が済めば引き続き普請に取り掛かるので、そのように心得るように。

問　早急に手配をして、普請の取り掛かりのころあいは追って申し上げたい。

答　承知した。

問　掛り役人の詰所小屋場の場所は、現地で話し合ったうえで引き渡されるのか。
答　掛りの代官、勘定方より場所詰め合いの家臣に引き渡されるはずである。
問　竹木などの運送について人夫に支障がないようにとの達しがあったが、どのように心得ればよろしいか。
答　竹木などの品々は普請費用で買い上げて渡すので、運送の人夫をあらかじめ手当てしておくように。ただし、小屋場に用いる竹木などは別である。
問　普請の人夫は早急のことなので現地雇いにしたいが、いずれに相談をすればよろしいか。
答　普請の人夫は国元より呼び寄せるべきであるが、人夫が不足したり、または到着まで差し支えがあれば現地で雇ってもかまわない。もし不案内であれば掛りの勘定方へ相談するように。
問　普請はいつごろまでの見込みか。
答　鍬入れよりおよそ一〇か月ほどを目当てにしている。
問　掛り役人の旅具などはどのように心得たらよろしいか。
答　辺地の場所なので、なるべく手軽にするように。
問　掛り役人が現地へ出張する時の着衣は野服と心得てよろしいか。
答　羽織、野袴、股引など勝手次第に用いるように。
問　堀割から出た土はどこへ運んで捨てればよろしいか。持場よりの遠近の程合いを心得ておきたい。
答　印杭を打ち立てて指図する。程近い場所には捨てられないが、かといって格別掛け離れた場所ではない。

問　普請所で必要な竹木などの品々は現地で買うのか。または江戸で用意して運送するのか。

答　四か条目のとおりである。

問　小屋場普請の職人を江戸より連れて行ってもよろしいか。

答　伺いのとおりに心得るように。

問　小屋場内に二か所ほど井戸を掘りたいがよろしいか。

答　伺いのとおりに心得るように。

問　小屋場地所の受け取りのため掛り役人が現地に赴いた際、旅宿として農民の家を借り受けてよろしいか。現地での届けはどちらにしたらよろしいか。

答　伺いのとおりでよいが、届けは詰め合いの勘定方、目付方に差し出すように。

問　持場の受け取りや普請所に詰め合い中、御用で呼び出された際の着衣はどのように心得ればよろしいか。

答　羽織、野袴を着用するように。通り掛かりの際は半纏、股引でもよい。

問　勘定奉行をはじめ持場に来られた際はどのように送迎したらよろしいか。現地で指図を下さるのか。また着衣はどうすればよろしいか。送迎はどの役まですればよろしいか。

答　送迎については現地で達する。着衣は羽織、野袴がよい。

問　持場を受け取る役人を出すのは来月初旬とのこと。指図があり次第差し向けるようにしたい。
答　承知した。
問　持場を受け取ったら、すぐに持場の境杭を打つのか。
答　伺いのとおりに心得るように。
問　小屋場地所を受け取ったら、早々に小屋の普請に取り掛かるつもりでいる。小屋場の四方に榜示杭を打つのか。
答　伺いのとおりに心得るように。
問　普請所掛りの役人の旅宿はどちらか。
答　追って達する。
問　出役の家臣はいずれに参上し、いずれに届けたらよろしいか。ただし、出役の家臣が現地に着く前に宿割の者を差し向けたい。
答　現地に詰め合いの勘定方、目付方に届けるように。宿割の者の差し向けについては勝手次第である。
問　持場の受け取りや普請の取り掛かりについては勘定所へ届けるのか。
答　そのとおりに心得るように。
問　普請所掛りの役人の旅宿に手前どもの役人がまかり出る際、着衣はどのように心得たらよろしいか。
答　羽織、野袴を着用するように。通り掛かりの際は半纏、股引でもよい。

沼津藩

問　現地ではいずれの地へ行けばよろしいのか。旅宿は、最寄りの農民の家を相対で借り受けるのか。
答　平戸村より大和田村までの持場内に行くように。農民の家を借り受けてもかまわない。
問　現地に着いたら、いずれに届けたらよろしいか。
答　現地に詰め合いの勘定方、目付方に届けるように。
問　小屋場地所の受け取りの際に持場も渡されるのか。そうであれば榜示杭を打つのか。
答　持場は小屋場地所の引き渡し後となる。その際、榜示杭を打つように。
問　小屋場の普請は、最寄りの請負人などに申し付けてもよろしいか。竹木などは江戸から運送するのか。
答　勝手次第に取り計らうように。
問　持場は、上口幅、掘り込み深さ、土捨て場など仕立て方の印杭を打って引き渡されると承知している。その上口幅、掘り込み深さなどおよそのところを前もって心得ておきたい。
答　仕様については追って達する。
問　普請の出来上りはおよそいつごろの見込みか。
答　鍬入れよりおよそ一〇か月を目当てにしている。
問　絵図面に沼内浚いともとある。それは沼口のことと思われるが、念のためその辺を承知しておきたい。
答　現地で達する。

秋月藩

問　小屋場地所が引き渡されたならばすぐさま普請に取り掛かりたい。しかしながら、一応江戸へ帰って小屋の坪数、建て方などを掛りと申し合わせたうえで取り掛かるのが最も都合がいい。いかが心得たらよろしいか。

答　伺いのとおりの心得でよいが、遅延にならないように取り計らうように。

問　在所が遠くて人夫を呼び寄せるのは難しいので、現地で人夫を雇って普請にあたりたい。また掛りの役人が出精して差配するのはもちろんであるが、江戸で普請に精通した者を雇ってもよろしいか。

答　人夫は国元より呼び寄せるべきであるが、不足したり、国元よりの到着まで差し支えがあれば現地で雇ってもかまわない。江戸で普請に精通した者を雇うということだが、名前など委細を申し出てからでないと何とも申し難い。

問　掛り役人の姓名書を差し出すように仰せ渡された。しかし藩主は国元への途中にあるので、とりあえず人数を申し上げておき、承諾のうえで姓名書を差し出したい。

答　伺いのとおりに心得るように。

(回答は六月二十五日のものであるが、貝淵藩の伺い書は残っていない)

四藩の伺い書には似通った質問もあり、仕様帳をはじめ普請の具体的な内容がまだ幕府から示されていないので、準備にあたって戸惑っているように感じられる。質問の中では、幕府役人との応接に気を遣って着衣に関するものが目立つ。また幕府側の回答も、普請の内容については具体的ではなく、後にはこれらの回答とは違った対応がみられることから、まだ準備がよく整っていなかったように感じられる。

〈六月二十一日〉

留守居が老中の水野に呼び出され、普請は取り掛かりから一〇か月ほどと申し渡された。

留守居中役の富樫と郡代方の佐藤が帰り、古堀筋の見聞書や沼までの絵図面などを差し出した。富樫と佐藤は十七日に持場を探るように命じられて出張していたもので、報告を聞いた竹内は「随分難場ニ相聞候」と御用留に記した。

〈六月二十二日〉

小屋場地所が引き渡されたら、すぐに小屋を普請したいので、竹木などの用意のため二十五、六日ごろに二、三人を現地に差し向けたいと幕府の勘定所へ伺い書を差し出した。内容は、庄内藩が二十日に差し出した伺い書の一か条目をより具体化したものであった。この段階では二十日の伺い書の回答はまだ出ていないので、前日のことがあったため少しでも早く準備に取り掛かりたいということと思われた。しかし、二十日の伺い書と同じ二十五日に出された回答は、勝手次第であるが、幕府の勘定方や目付方が現場にいなくてはならないので、それらが江戸を出立してからがよく、出立日限は決まり次第知らせる、という内容であった。

この日、鳥取藩は普請掛りの役人を任命した。主な顔触れは、総奉行の乾八次郎、副奉行の吉村牧右衛門、普請奉行の永田権之進、塩見織衛、普請御用掛りの和田衛守、場所奉行の一色太郎八、浅賀丈右衛門、永見官兵衛、元締役の神旦平、勘定頭の加賀美寛司（のち隼人）、留守居御用向助役の浅井忠右衛門、場所目付の中村新兵衛、後藤小十郎である（この一三人は、普請期間に限って十三奉行と呼ばれた）。

〈六月二十三日〉

庄内藩は、竹内を総奉行とする普請掛りの役人を任命した。主な顔触れは、竹内のほか副奉行の都筑十蔵、黒崎与助、用人の佐藤孫九郎、勘定奉行兼普請奉行の服部慎蔵、留守居兼場所奉行の大山庄太夫、矢口弥兵衛、目付兼留守居添役の加藤九助、普請割元の本間伊十郎、それと場所奉行兼普請奉行の辻順治である。ただし国元で郡代の役職にあった辻については、十八日に江戸に呼び寄せる早飛脚を出しており、着いた段階で任命することになった。

勘定奉行の梶野と勘定吟味役の篠田の連名で、竹木をはじめ普請に必要な品物を理由もなく高値にしてはならないし、米、薪、宿賃なども相応の値段とし、よそから来た人夫が難儀しないようにという内容の触れが千葉郡内の村々などに出された。

〈六月二十四日〉

この日、幕府勘定方の掛りのうち、勘定組頭の金田故三郎が場所掛りに、白石十太夫が江戸掛りに変更になった。

金田は二月に、白石はこの月の八日に勘定組頭に就任しているが、入れ替わった背景には町奉行の鳥居の影が見え隠れする。金田は、鳥居の腰巾着としていろいろと動いていたから、現場で勘定方の仕事のほかに鳥居の情報収集役を勤めるために入れ替わったと思われる。しかし、実際に普請が

―はじまると白石も普請所に常駐することになる。

現地では、横戸村から花島村にかけて、堀割の土揚げ場の支障になる竹木、真菰、葭などの刈り払いがはじまった。

町奉行所与力・同心

〈六月二十五日〉

この日、町奉行の鳥居は、普請所に出役させる配下の数を与力三人、同心六人にしたいという伺い書を出した。

与力と同心の数を決めるにあたって、これに見合う先例がなかったので、勘定方と目付方にそれぞれの人数を問い合わせた。勘定方では、勘定組頭一人、勘定四人、支配勘定一人、吟味方改役一人、同下役・普請役一九人という構成であった。また目付方では、徒目付五人、小人目付一〇人という構成で、一藩に徒目付一人、小人目付二人の割合で決められた。そのうえで鳥居は、与力と同心は治安維持のために絶えず五藩の普請所を見回るのが職務であるから、勘定方や目付方のような人数はいらないと考えて与力三人、同心六人と決めたのである。

〈六月二十六日〉

昨日の回答の際、別に次のような書付が渡された。

一、小屋は新規に及ばず、寺あるいは農民の家を借り受けて小屋として用いるのは勝手次第であり、もし寺あるいは農民の家が不足であればできるだけ手軽に建てるように。

一、普請について村々が嘆願を申し出ても、幕府代官へ嘆願するように挨拶すること。

一、普請の仕様帳は追って手渡すが、普請中に少し模様替えもあるもしれないので、心得ておくように。

この中で、小屋は普請の際に藩の役所となる元小屋を指しているのであろうが、五藩とも伺いのとおりそれぞれ元小屋を建てており、寺や農民の家を借り受けることはなかった。

この日、町奉行鳥居配下の与力三人と同心六人が掛りを命じられた。与力は中田新太郎、佐久間健三郎、原善左衛門、同心は小倉朝五郎、加藤太左衛門、小林藤太郎、大沢藤九郎、五島五郎兵衛、川上紋五郎であった。

次の伺い書は日付がないが、与力や同心の心得の一端が覗けるので、ここに載せてみよう。

一、供の人数そのほかを目付方に問い合わせ、その人数よりできるだけ省略して連れて行くようにすべきか。

一、宿泊は最寄りの寺あるいは村内にて便利のよい場所を選んで旅宿とするが、普請所が広いために一か所のみにいたのでは探索方が行き届かないので、折々所を替えるようにすべきか。

一、捕らえた者は、最寄りの村役人を差し添えて村継ぎで送るようにすべきか。

一、お手伝い大名の家臣、小者ならびに普請所に出役の役人、足軽、中間などのうちに不届きの所業があった場合、余裕があれば書面で伺ったうえで召し捕らえるようにしたいが、それが難しい時は伺わずに小屋場はもちろん旅宿まで踏み込んで召し捕らえる心得なので、前もってその筋へ達していただきたい。

一、伝馬証文は下されるのか。

一、普請所のようすがわからないので、お手伝い大名の家臣を呼び出し、麁絵図を差し出させるようにしたい。

一、普請によって近辺の物価が高値になる恐れがあるので、前もって普請所で商いをする者の名前などを取り調べるようにすべきか。

一、町名主のうち御用のわきまえよろしい者を選んで掛りを申し付け、普請所にも連れて行くようにすべきか。

供の人数については、世間が物価騰貴に喘ぎ、天保の改革によって奢侈が禁止され、きびしい倹約が実施されている時期でもあり、その中での大きな普請であったから、こうした現状が反映しているといえる。例えば勘定奉行の梶野の場合、弓一箱、具足櫃一荷、槍二筋、挟箱二、長柄傘一、馬一匹、用人一人、給人一人、侍六人、徒三人、足軽・中間・又者二六人で、供の数は合わせて三七人となっている。これは先例に比べて二二人の減少という。ほかの項目については、その後の普請所での動きを見るかぎり伺いのとおりになっている。特に四項目については、職務上重要な問題であったので、七月三日に鳥居から老中の水野に具申している。

〈六月二十七日〉

幕府勘定所から呼び出しがあり、来月一日に勘定方と目付方が出立するとの達しがあった。そこで、竹内は、勘定組頭の林元右衛門、勘定役の加藤昇三郎と佐藤右内に来月二日ごろ出立するように手配した。この日、町奉行所の与力が目付方の徒目付衆に対し、道中や普請所の着衣、供の人数、宿泊する旅宿などに関して問い合わせをした。

問　道中の着衣は、野袴、羽織を用いるのか。それとも白衣（着流し）を用いるのか。また現地では半纏、股引、野羽織を用いるのか。

答　道中は白衣、現地は時宜によって股引も用いる。

問　道中の供回りの侍は何人か。具足一荷、両掛一荷、草履取一人、合羽籠一荷でよいか。手飼いの者は連れて行くのか。駕籠は切棒か。または山駕籠名目の長棒か。その駕籠舁きは何人連れて行くのか。

答　侍二人、槍持一人、草履取一人、具足一荷、両掛一荷、合羽籠一荷で、手飼いの者は連れて行かない。先例のとおり長棒を用いる。

問　現地での供の人数は何人か。

答　二人のつもりであるが、時宜によっては三人となるかもしれない。

問　伝馬証文は遠国御用のとおり差別はないか。

答　差別はない。

問　先触は、どこまでと書くのか。

答　休みは八幡宿、到着は大和田宿と書いて差し出す。
問　旅宿は御用宿か。または最寄りの寺、農民の家などを相対で借り受けて泊まるのか。
答　旅宿は、勘定方から割り当てられるはずである。
問　旅宿には、紋入の幕を張り、高張提灯一対を用い、休泊とも名前の木札を掲げるのか。
答　書面のとおりだが、高張提灯は一張のつもりである。

与力たちは、掛りになったものの、江戸を離れての任務で、しかも経験のないお手伝い普請の現場であったから、勝手がわからなかったのであろう。そこで目付方を参考にしようとしたのである。回答は二十九日にあった。それとは別に現地での着衣と六尺についての記載があり、現地での着衣は重ねに半纏、股引を用いることを申し合わせたいというもので、二十九日の回答とは若干の違いがある。また雑役夫の六尺は四人連れて行くが、千住宿からは雇い人夫を用いるとしている。この着衣と六尺については、回答を書いた後に変更になったものと思われる。

〈六月二十八日〉

この日、町奉行の鳥居、勘定奉行の梶野、目付の戸田、勘定吟味役の篠田の四人から老中の水野へ、五藩の普請小屋場に張り出す掟書についての伺い書が出され、伺いのとおりとなった。

掟書の内容は、

一、銘々持場のほかみだりに徘徊してはならない。
一、持場に詰め合いの者、御用すきといえども、旅宿のほか民家、寺社などへ行ってはならない。もちろん村々の寺社への参詣は無用である。

一、御用中は一切禁酒である。

となっていた。この掟書は七月一日に五藩に渡された。

〈六月二十九日〉

庄内藩が御用掛り一〇人の名前を老中の水野に届けた。勘定奉行の梶野と目付方にも差し出し、さらに人数減らしに関する伺い書を出した。また小屋場地所の受け取りに出役する人数についても伺い書を出した。

水野に届け出た名前は、二十三日の一〇人である。鳥取藩もこの日に二十二日の一三人の名前を届けているので、そのほかの藩も同じであったと思われる。梶野への届けには、一〇人のうち竹内、副奉行の都筑、留守居の大山、場所奉行の辻、目付の加藤九助が出役すると書かれている。したがって、この五人が場所掛りということになる。

人数減らしについては、侍四人、医師二人、勘定組頭一人、留守居中役兼右筆一人、徒目付二人、勘定方二人、徒三人、留守居書役一人、普請方小役人一〇人、足軽目付四人、足軽二〇人（うち二人小頭）、中間二〇人（うち二人小頭）、飛脚二人にしたいと伺い出ている。そして竹内と都筑については、普請所に詰めて御用を取り扱うべきであるが、人数を減らすという趣旨から、江戸表で御用を取扱い、時々場所を見回って取り締まりはもちろんいろいろと指図して御用向きに差し支えないように取り計らう心得でよろしいかと伺っている。この伺いは七月五日にそのとおりに心得るようにと回答が出るが、実際には普請がはじまるとそうもいってはいられなくなるのである。

小屋場地所の受け取りについては、普請の間勘定奉行となった服部、留守居の大山、目付の加藤のほか、勘定組頭一人、留守居中役兼右筆一人、徒目付一人、勘定方三人、普請方小役人二人、足軽目付二人、足軽三人、中間五人（うち二人飛脚）にしたいと伺い出ている。そのうち大山と留守居中役兼右筆は、引き渡し後に一旦江戸に帰り、小屋場の普請が完成したら再び出役する心得としている。これも七月五日に、普請の差し支えにならない分については、なるべく人数を減らすようにと回答があった。

第二章　七月・普請の準備と鍬入れ

一　普請の準備

幕府普請責任者への対応

〈七月一日〉

小屋場普請準備のため、明日出立する勘定組頭の林元右衛門、勘定方の加藤昇三郎、佐藤右内の名前を幕府勘定所に届け、普請に関する伺い書を差し出した。

勘定所に届けた掛りの名前は、六月二十七日の手配による。伺い書は、六月二十六日に勘定所から示された一二項目の質問事項を取捨して書き上げたもので、留守居の大山の名前で差し出した。それは次のような内容で、回答は七月五日にあった。

問　飯米は現地に運送すると届けてあるが、現地で買い上げてもよろしいか。

答　現地で買い上げてもよいが、買い上げた石高を勘定所に届けるように。

問　現地に詰め合いの家臣が病気で江戸に帰る際、または江戸に用事があって時々交代する際はいずれに伺えばよろしいか。

答　詰め合いの者の交代は、勘定奉行の梶野、勘定吟味役の篠田に伺うように。そうでない者は勘定組頭に申し出るように。

問　現地で用いる小幟・提灯の合印、槍印、足軽・中間の法被合印は別紙（不明）のとおりでよろしいか。ただし、中間・又者の分は、本分のとおりに印付法被を用いた場合は別紙の焼印などの木札は用いない。

答　合印は別紙の雛形のとおりに心得るように。但し書きの趣も承知した。

問　人夫の足場敷板、水替え道具、モッコの類を用意しなければならないが、大量に必要で、差し支えの際はどのようにすればよろしいか。

答　普請所周辺の村々にはすでに申し渡してあるので、現地で買い入れるのであれば勘定方に相談するように。別に手段があればそれでよい。

問　普請所が広いので、人夫への合図に拍子木、鉦、太鼓、ホラ貝の類を用いてよろしいか。

答　書面のとおりでよいが、前もって現地で勘定方に届けるように。

問　掘った土を船に積んで海や沼に捨ててもよろしいか。
答　現地で指図する。
問　土捨て船を国元から回送するのは難しいので、どのように手当てしたらよろしいか。
答　現地で雇うのはかまわないが、勘定方とよく相談するように。
問　取り締まりのため、仮牢を建ててもよろしいか。
答　追って口達する。
問　火消人数は別に差し出すのか。または詰め合い人数で兼ねるのか。
答　詰め合いで兼ね、別に差し出すには及ばない。
問　普請所に見物者が来れば制止するのはもちろんであるが、村の往来そのほか通路が差し支えになる場所についてはどのように心得たらよろしいか。
答　普請の妨げにならないようにすればかまわないが、現地で勘定方と相談するように。
問　普請掛りの役人方が小屋場に立ち寄った際、時刻になれば湯漬けを差し上げるのか。
答　すでに申し渡してあるように無用である。

質問事項が幕府勘定所から示されたのは興味深いが、こうした伺い形式の方が指示しやすかったのかもしれない。この中で、最後の項目は勘定所から示された質問事項には入っていなかったが、すでに六月十三日に老中の水野から指示されているにもかかわらず伺っているのは、やはり幕府の役人への粗相を恐れていたからであろう。

これらの用事で出向いた留守居の大山に、勘定所から小屋場や旅宿に張り出す掟書が手渡された。内容は六月二十八日のもので、報告を受けた竹内は右筆を呼び出して五枚ほどしたためるように申し付けた。さらに竹内は、小屋場地所を受け取るために早々に掛りを遣わすようにという勘定所からの指示を聞き、副奉行の黒崎と勘定奉行の服部を呼び出して掛りを五日に出立させるように申し含めた。

秋月藩から人夫の雇い方引受人を依頼された下総国岡田郡崎房村（現茨城県石下町）の孫兵衛が、孫兵衛新田の御用や村用の勤めは組頭が引き受けて差し支えないようにするので、聞き届けてほしいと幕府代官の勝田次郎に願い出た。

孫兵衛新田は鬼怒川沿いにあった飯沼の新田開発でできた新田で、新田名はほとんどが孫兵衛家の開発によることに由来している。孫兵衛は大土地保有者というだけではなく、材木、薪、米穀、醤油などの多角経営をしていた。秋月藩が孫兵衛に人夫の雇い方引受人を依頼したのは六月二十一日のことで、江戸屋敷に出入りしていた縁によるといわれている。孫兵衛は大普請は一人の差配ですべてを心のままに世話しなければ成就は難しいと断ると、秋月藩はすべてを任せるというので引き受けることにした。その後両者は何度か話し合いを重ね、崎房村と孫兵衛新田を支配していた幕府代官に秋月藩から了承を求めるとともに、孫兵衛からも願い出たのである。この願いは、十一日に呼び出されて許可になった。

この日、勘定奉行の梶野、目付の戸田、勘定吟味役の篠田に彼地への暇が下された。

七月に入り、現地では普請の鍬入れに向けて幕府の手によって準備が急ピッチで進められていた。こうした中で、堀割に接する犢橋村（現千葉市）は、松と杉の杭木三九五本を納入した。そのうちの四四本は貝淵藩用の杭木であった。

〈七月二日〉

小屋場普請準備のため三人が出立した。また小屋場地所受け取りの掛りには五日出立と指図し、普請所での心得を伝えた。

留守居の大山から「極密」に百川屋茂左衛門の話があり、竹内は駿河屋平兵衛の方を断るように勘定奉行の服部へ内々に申し含めた。

百川屋は江戸の料理屋で、庄内藩の元小屋の賄い方と現地雇いの人夫の請負人を勤めることになる人物である。はじめは駿河屋を予定していたらしいが、急展開で百川屋になったようだ。

〈七月三日〉

駿河屋の方は差し障りなく断るので任せてほしいと勘定奉行の服部より昨夕申し出があった。そこで百川屋を呼び出し、国元の人夫で不足の分はその方の手元から差し出すようにと申し渡した。

老中の水野の家臣で取次頭取の柴田斎宮という人から、このころ書面で百川屋について話があった。

明後五日に小屋場地所受け取りの掛りが出立することになっているが、二十九日に幕府勘定所へ出した伺いについて今日まで指図がなかった。そこで竹内は、出立を見合わせなければならないのではないかと思った。

この日、町奉行の鳥居は、配下の与力・同心の支度金と手当の扶持について勘定奉行の梶野に問い合わせた。支度金については、検使そのほか旅御用の際に与力に金一〇両、同心に金三両を役所の臨時入用から支出しているが、これと同様の扱いでよいか、それとも今度の御用向は先例がないので、御暇拝領物の振り合いによって御納戸金から支給されるのか、というもので、また扶持については関外出役の振り合いとし、そのほか宿代や雑用金などは先例のとおりにする考えであるというものであった。

〈七月四日〉

幕府勘定所からいまだに指図がないので、小屋場地所受け取りの掛りの出立を延ばすことにした。

沼津藩の家老が老中の水野の家老に百川屋に申し付けてもよろしいかと内々に話をしたようだと聞き、そこで留守居が勘定吟味役の篠田に内々に相談し、百川屋に申し付けるのは延ばしたらどうかと昨夕報告があった。しかしいまさら破談にはできないので、よそ様にはかまわずやっぱり申し付けることにした。

――三日と四日の百川屋に関する記述は留守居からの報告にもとづいているので、解釈しにくいところがあって正確さに欠けている点があるかもしれないが、背景に水野の影がちらついている。

秋月藩では一日より家臣に普請所の様子を調べさせていたが、昨夕小屋場などの位置を見立てたという報告が江戸屋敷にあった。

〈七月五日〉

今度の普請に遣わす足軽について、普請奉行や物頭を出さずに留守居の指図によって勤めさせた先例があるが、天保年中の内輪での取り決めでは物頭の取り扱いになっており、留守居あるいは場所奉行の指図で勤めさせるのは迷惑という話が出た。竹内は、いろいろ申し諭してものみ込めないようであるが、天保年中の取り決めはまったく内輪のもので今度のこととは別であり、内輪のことはそのとおりでよろしいが、外向けには主だった者の指図を受けないとこの後の御用が差し支えになるので、そうするようにと達した。

足軽を指図する指揮権をめぐって、藩内では内輪の取り決めを重視する意見と体面を重視する意見とに分かれていたようである。最終的には体面を重視することになったのであるが、こうしたところにも五藩によるお手伝い普請の影響がみられる。

〈七月六日〉

昨日、幕府勘定組頭の白石から渡された町奉行の鳥居、勘定奉行の梶野、目付の戸田、勘定吟味役の篠田の見回りに関する書付の写しが届いた。内容はおよそ次のようである。

一、見回りの際は、持場の境に足軽一、二人を出して持場内を案内し、そのほかは送迎に及ばない。持場内は、往来の差し支えになる分だけ片側に寄らせ、途中で制止する必要はない。

一、元小屋に立ち寄りの際は、槍持程度の家臣一人が木戸まで出て、そのほか主だった家臣は居合わせた者だけ面会する。

一、はじめて普請所に着いた際、旅宿が持場内であっても、歓迎のために家臣がまかり越すのは断る。まして持場違いの家臣はなおさら無用である。江戸に帰る際も同様である。

一、人夫が素肌あるいは被り物をしていてもそのまま働き、別段会釈には及ばない。付き添いの役人は、行き合った際に会釈し、別段挨拶には及ばない。

一、会釈などは簡易でよいので、それぞれ一途に精勤するように付き添いの役人に申し含めること。ただし、人夫に至るまで無礼のないように。

一、勘定組頭以下の見回りの際は、これらに準じてできるだけ簡易に取り計らうように。

幕府の責任者への対応については、見回りによって普請が一時中断することのないように、進捗を優先した内容となっている。また五藩には贈り物は無用と申し渡してあるし、老中の水野からも普請小屋では料理、菓子、酒などを出してはならないと申し渡してあるので、家臣とはできるだけ接触しないような配慮にしている。

幕府勘定所から、勘定吟味役などの役人は十二日に出立するので、その前に小屋場地所受け取りの掛りは出立するようにと達しがあり、九日と決めた。引き渡しの際には幕府から勘定奉行、目付などが出役するというので、ほかの藩と同様に庄内藩でも副奉行の都筑か黒崎のどちらかが出るように手配した。

秋月藩では、総奉行の吉田縫殿助をはじめ普請に関係する家臣に十日に国元を出立するように命じた。

庄内人夫、国元を出立

〈七月七日〉

郡奉行の山岸嘉右衛門、代官の矢島逸策、大庄屋の矢田部外右衛門、町医師の久島玄海らが付き添って、一番立の庄内人夫二〇〇人が国元を出立した。

――人夫に関する幕府からの指示は、六月二十日の伺い書の回答にみられるように、国元から呼び寄せるのを原則とし、もし人夫が不足したり、国元から到着するまでの間は現地で雇ってもよいという内容であった。この指示のとおりにしたのは庄内藩だけで、ほかの藩は人夫の雇い方引受人や世話役に請け負わせて現地雇い人夫を確保した。これは、幕府の指示が出る以前に六〇〇人の徴発を国元に命じているように（六月十八日）、庄内藩にとって今回の普請が重大な意味を持っていることを認識していたからであった。

国元では、八郷通の村々に対して三〇～四〇歳で働き方が抜群の農民を急いで選ぶように指示を出した。八郷通とは遊佐郷、荒瀬郷、平田郷、狩川通、中川通、櫛引通、京田通、山浜通で、庄内藩はこのように領内を八つに区分してそれぞれに代官を置いていた。その郷通はそれぞれ数組からなっていて、組には大庄屋を置き、組を構成する村は名主や庄屋にあたる肝煎が村政を担当していた。

こうして徴発した六〇〇人を三編成に分けて出立させることになったが、この日の二〇〇人はその第一陣であった。当初、鶴岡城下から田麦俣、湯殿山のある本道寺、寒河江を経て山形城下に至る六十里越街道で羽州街道に出て、小坂峠を越えて仙台道に入り、続いて奥州道中・日光道中を通って古河から関宿に抜けて普請所へ向かう予定であった。それが、七月二日付で清川から船で最上川をさかのぼり、清水で下船して羽州街道に出て小坂峠を越えるルートに変更された。このルートは、庄内藩主の参勤交代路になっていた。

普請所までの日程は、七日・清川→八日・清水→九日・楯岡→十日・上山→十一日・関（現宮城県七ケ宿町）→十二日・福島→十三日・郡山→十四日・白河→十五日・大田原→十六日・宇都宮→十七日・古河

→十八日・山崎（現野田市）に泊まり、十九日に到着となっている。実に一二泊一三日の旅であった。
出立に先立って、庄内人夫には、喧嘩や口論をせず、往来の旅人に迷惑を掛けず、大名の通行には笠を取って片側に控え、宿では酒を飲み過ぎず、勝手な行動をせず、具合が悪ければ助け合う、といった道中で遵守すべきさまざまな注意が与えられた。そして、手に鎌や鍬を持ち、笠には「ゆ」（遊佐郷）や「あ」（荒瀬郷）というように所属する郷通の頭文字を書き入れ、いかにも庄内藩の農民とわかる身なりで普請所に向かった（『浮世の有様』は、こうした庄内藩の行列をまるでアリの往来のようだと表現している）。
庄内人夫には、一日につき旅籠賃・昼食代銭二五〇文、手当の手擬金銭一〇〇文が支給された。

小屋場地所の引き渡し

〈七月八日〉
江戸から普請所へ出役する面々へ、幕府からの条目二通と藩からの条目一通を読み聞かせた。

幕府からの条目は、二通と記されているだけで内容がわからないが、おそらく六月十八日の心得方の書付と六月二十八日の掟書のことではないかと思われる。いずれも小屋に張り出すように指示されている。また藩からの条目一通については、狩川通添川組大庄屋の久松宗作が普請のようすを記した『続保定記』に載っている次のような内容のものであったと思われる。

一、今度の御用は大切なので、その趣意を十分に承知して末々の者まで万端腹蔵なく話をし、油断

なく勤めること。
一、幕府の役人に無礼をしないこと。
一、普請について善悪の批判をしないこと。
一、普請所では、どのような遺恨があろうとも互いに堪忍し、少しも隔意がないように慎むこと。
一、普請所では、私用でみだりに往来せず、やむをえない場合は幕府目付に断り指図を受けること。
一、大酒や博奕はもちろん浄瑠璃や小唄などは禁ずる。すべて不作法な仕方や無分別な行動をしないように心掛け、火の元には十分念を入れること。
一、すべては場所奉行に問い合わせて勤め、江戸出立より帰る日まで一同揃い、道中では脇道にそれず、宿では指図のとおりに泊まること。

この条目から、とにかくお手伝い普請が無事に勤め終えられるように願っている藩の苦悩を感じ取ることができる。

さらに藩主からは直書が下され、一同一致して精励するようにとの仰せがあった。

〈七月九日〉

小屋場地所の受け取りのため、勘定奉行の服部、留守居の大山、目付の加藤をはじめ足軽・中間まで一九人が出立した。

この日、鳥取藩では、普請所へ出役する掛りへ心付金を支給した。金額は副奉行の吉村牧右衛門に金五〇両、普請奉行の永田権之丞、普請御用掛りの和田衛守に金三〇両、場所奉行の一色太郎八、浅賀丈右衛門、永見官兵衛に金二五両、元締役の神旦平、勘定頭の加賀美隼人、留守居御用向助役の浅井忠右衛門に金二〇両、場所目付の中村新兵衛、後藤小十郎に金一五両、そして小奉行の七人に金一〇両などであった。

〈七月十日〉

取次の石原斎宮と鳥海三右衛門に普請中の場所詰めを申し渡した。

幕府勘定所に留守居の岡田百平が呼び出され、「二十日に梶野、二十一日には戸田が出立する予定で、下旬には普請が鍬入れとなるが差し支えなく準備が進んでいるか」と尋ねられた。さらに、「五、六か月で完成するようにすれば物入りも少なくて済むので、人夫に不足があれば相談に応ずる。小屋場の普請はすでに取り掛かっているか。普請役や小人目付などのうちたとえ担当の者であっても贈り物は一切しないように」と話があった。

小屋場の普請の話については、この時点ではまだ引き渡されていないので、認識の誤りか現場との連絡が不十分であったと考えられる。

国元から、場所奉行に予定している辻順治が四日に出立したと知らせがあった。また郡奉行の山岸嘉右衛門、代官の矢島逸策、石井守右衛門、加藤理兵衛を差し向けること。さらには徒目付の小竹三郎右衛門、仙場惣兵衛、町医師の久島玄海、進藤周人、調役の高山久右衛門、そのほか大庄屋などのことについても知らせがあった。

この日、人夫の雇い方引受人の孫兵衛らが人夫小屋の仕様帳を秋月藩に差し出した。人夫小屋は一棟が桁行八間三尺×横二間半で、三棟建てる。建坪は合わせて三六〇坪で、屋根はこけら葺、床には松板の上に薄縁畳を敷き、ほかに五坪に二〇の雪隠を設ける。この普請費用は金二四三両余となっている。ほかに人夫の差配人と宰領の小屋として、一棟が桁行八間三尺×横二間半のものを二棟建てる。物置と五つの雪隠を合わせた建坪は四三坪余で、屋根はこけら葺、小屋の中には中仕切や障子などを付け、畳を敷く。この普請費用は金五八両余となっている。そして小屋の周囲には、金二五両で延長一三〇間の竹矢来を設ける。仕様帳の内容は以上のようになっていて、孫兵衛らは今月末までに完成させたいとしている。

〈七月十一日〉

昨日の幕府勘定所より尋ねられた件について、十九日ごろに庄内人夫が着くので、持場が引き渡されて鍬入れになっても差し支えはないと回答した。そのうえで、庄内人夫は江戸には入らずに古河より直ちに場所に向かいたいという趣の伺い書を差し出した。

今度の普請は容易ではない場所ということで、藩主の忠発は深く心配して心を痛めていた。そこで、万端滞りなく速やかにできるように、そして御用に取り掛かりの面々の末々に至るまで無病息災で怪我のないようにと庄内の四山に立願することになり、明後日に国元に飛脚を出す手配をした。

庄内の四山は記載がないのでわからないが、八月二十六日の記載を参考にすれば、羽黒山、月山、金峰山、鳥海山であろうか。あるいは羽黒山、月山と出羽三山をなす湯殿山か。金峰山は鶴岡市街の南に、鳥海山は山形・秋田両県の県境に位置する山である。これらは出羽三山とともに修験道の霊場として知られていた。

また江戸表においても同様に浅草の日音院へ祈祷を申し付けた。

この日、国元では、代官の加藤理兵衛、大庄屋の久松宗作らが付き添って、中川通、狩川通、山浜通、京田通の農民で編成された二番立の庄内人夫二〇二人が出立した。出立に先立って、道中の心得などの注意を与えられ、水あたりの薬「天水散」三服と道中安全を祈願した金峰山のお守りが渡された。朝のうちは大雨であったが、五つ時（午前八時）ごろからは晴れとなった。

普請所では、幕府勘定の竹井辰太郎、徒目付の稲垣藤一郎らが出役し、庄内藩に小屋場地所が引き渡された。

〈七月十二日〉

持場の引き渡しにあたって、竹内と副奉行の黒崎が出役することになった。六日の段階では副奉行のみを予定していたが、藩主の意向によって竹内の出役が急に決まったのである。

こうした変更の裏には、おそらくほかの四藩の動向に注意をしながら、それに庄内藩には三方領知替えのこともあったので、とにかく幕府の勘定奉行や目付らに粗相がないようにという配慮があったのであろう。幕府からは簡略化の指示が出されていたが、やはり心配だったのである。

留守居が幕府勘定所に呼び出され、普請中の夜間の中川番所通行について断りがあってしかるべしと達しがあったため、鳥取藩の方でしたためて五藩の連名で差し出した（中川番所は現在の東京都江東区大島に設けられた番所で、ここで中川を通過する川船の積荷や乗客を改めた）。

この日、目付の戸田、勘定吟味役の篠田らが江戸を出立した。

これは『蠹余一得』によっているが、戸田については同じ『蠹余一得』に二十日の出立と別の記載もある。十日の勘定所の話では二十一日の出立予定になっているので、二十日の方がよさそうに思われるが、ここにも載せることにした。篠田については、鳥取藩江戸家老日記の七月八日の記事に「来ル十二日篠田藤四郎殿当表（江戸）出立」とあるので、問題はないであろう。

秋月藩は、孫兵衛を人夫の雇い方引受人としたが心配であったようで、家臣を崎房村に遣わして身元を調べさせた。すると、孫兵衛の家は前後に門構えがある豪家で、下男が一〇人余も見え、近所で聞いてもいたって評判がよく、欲得にかかわらず大きなことをするのが好きな気質の人物であるとわかり、安心して任すことにした。

〈七月十三日〉

国元へ道中五日の飛脚を差し向け、庄内四山への代拝、庄内人夫の四〇〇人追加を指示した。竹内は、普請所へ折々出役するため金四〇両を内借し、出立を十九日と決めた。十一日に差し出した庄内人夫の通行路に関する伺い書について、御用の通行なので直ちに場所に向かっても差支えないと幕府勘定所より回答があった。

この日、国元では、代官の石井守右衛門、大庄屋の斎藤隼之助、町医師の進藤周人らが付き添って、三番立の庄内人夫一九八人が出立した。

普請所では、検見川村の長四郎、北柏井村（現千葉市）の新右衛門、大和田村の小十郎、下井新田（現本埜村）の庄左衛門、惣深新田の源兵衛の五人の名前で、人夫に出たい者や普請に必要な杭木、竹、草鞋などを売りたい者は大和田宿に滞在している幕府代官の手代に申し出るようにという回状が周辺の村々に出された。

長四郎らは印旛沼や堀割周辺の村々の名主で、六月十日に幕府から印旛沼口の平戸橋から検見川村の海辺までの案内やそのほかの取り計らい方を申し付けられていた。このうち長四郎、小十郎、源兵衛の三人は「場所引請」という役も勤めている。また庄左衛門と源兵衛は老中の水野が支配する浜松藩領の名主であり、貝淵藩の人夫雇い方引受人にもなっている。

〈七月十四日〉

普請割元の本間伊十郎に十九日に普請所へ出立するように達した。留守居の大山が七つ時（午後四時）前に普請所から戻り、小屋場地所の受け取りが他家よりもよかったと勘定組頭の金田をはじめ幕府の役人に褒められたと報告があった。

この日の朝、北柏井村名主の新右衛門方で、幕府勘定の愛知升七郎から今日小屋場地所を引き渡すと鳥取藩の留守居御用向助役の浅井忠右衛門に話があった。引き渡しには幕府から愛知のほかに徒目付の稲垣藤一郎、普請役の田口桂之助、小人目付の本庄正太夫が出役しているが、いずれも普請中は鳥取藩ではなくて沼津藩の持場の担当になっている。一方、鳥取藩からは浅井のほかに留守居の和田衛守、元締役の神旦平、勘定頭の加賀美隼人らが出役し、大工の棟梁や鳶の者も加わった。

鳥取藩の元小屋は北柏井村の字「ほっこめ」の畑地一二〇〇坪に建てられ、建物は四〇間×三〇間であった。そのほか北柏井村には、元小屋の近くに四〇間×二〇間、字「なき」に三〇間×二〇間、字「こしまき」に一〇間×二間半の人夫小屋が建てられた。また南柏井村には、字「泉蔵寺内」に七間×二間半の人夫小屋、字「ゑんとう田」と字「八斗蒔」にそれぞれ一五間×三間と一〇間×三間の人夫休息小屋が建てられた。さらに花島村の字「まち田」には、一〇間半×二間の出張小屋と一六間×三間の人夫小屋二棟が建てられた。

〈七月十五日〉

このころ、庄内藩では普請所での上級家臣の家中と下級家臣の給人の着衣を決めた。そのいくつかは次のようなものだった。

一、家中の着衣は、華美にならないように、質素を第一とすること。
一、羽織は夏・冬ともに木綿、麻で、打裂羽織を用いること。旅中は日常用いている丸羽織でもよい。
一、白足袋は用いてはならない。一同紺を用いること。
一、給人の着衣も麁服を用いること。ただし、足軽は看板羽織、中間は印付法被を用いること。

六月十三日に老中の水野から質素にするように達しがあったから、それにもとづいてこのように着衣を決めたのであろう。ただ、後に、中川通の代官手代を勤めていた大滝増吉が、幕府普請役衆は股引が切れた所に継ぎをして着ていて麁服に見えると書いているので、幕府の場合はもっと徹底していたようである。

鳥取藩では、普請の期間臨時に雇い入れた江戸の町医師上滝顕斎に普請所に引っ越すように申し付けた。上滝は、「本道外療」すなわち内科と外科が相当の腕ということで雇い入れられたのである。御用中は帯刀が許され、雇い料金一五両、薬種代金三両、駕籠一挺などの待遇が与えられた。

秋月藩の江戸屋敷では、昨十四日に小屋場地所を馬加村内で受け取ったと現地から戻った場所奉行の山本亀右衛門から報告を受けた。また、人夫雇い方引受人の孫兵衛、小屋普請の大工彦七、賄い方の大坂屋長次郎の名前を幕府勘定所に届けた。

何とも遺恨

〈七月十六日〉

浅草向柳原にあった庄内藩の下屋敷が、本所元柳原の水野備前守屋敷跡三五九〇坪余に屋敷替えとなり、手当として金一〇〇〇両を賜った。度重なる老中の水野の意地悪に、竹内は「何とも遺恨、且苦々敷御事也」と憤慨している。

十一日に庄内を出た二番立の庄内人夫が小坂峠を下って福島宿に着いた。この夜、「小坂おろし」の祝儀として一同に酒が振る舞われた。酒は三斗四升で、酒代は銭五貫一〇〇文であった。

この日、郡代の辻順治が江戸屋敷に着いたので、竹内は明日場所奉行を申し付けるように手配をした。

〈七月十七日〉

屋敷替えについて、大殿から普請所などで家臣の下々まであれこれ言わないよう厳重に申し付けられた。

江戸にいる藩医師の鳥海良琢に、当分の間普請所に詰めるように達した。

明後日に持場の受け取りに出立する竹内は、明日、掛り老中や幕府勘定所に差し出す届け書を用意した。

そのうち名前書の分は、侍六人（うち四人は国元より）、医師三人（うち二人は国元より）、勘定組頭一人、留守居中役一人、徒目付二人、勘定方二人、徒三人、留守居書役一人、普請方小役人一〇人、足軽目付四人、足軽二〇人、中間二〇人、飛脚二人であった。また御用達町人の百川屋茂左衛門についても届け書の用意をした。

国元では、八郷通に弘化二年（一八四五）までの三か年で金二〇〇〇両の御用金を上納するように達しがあり、山浜通には金二二五両が割り当てられた。

普請費用の捻出は国元での大きな役割の一つであったが、年貢収入を基盤とする藩財政だけでは無理があった。となれば御用金や借入金の才覚金という形で領民や富裕層に出してもらうしかなかった。天保に入って、これまでに立て続けに大金を出させていたから難しい状況ではあったが、それでもさらに調達せざるをえなかったのである。御用金や才覚金のすべてを把握することはできないが、鶴岡・酒田両町と八郷通で御用金五〇〇〇両、鶴岡・酒田両町で才覚金一万一六九〇両、越後の豪農市島家で才覚金五〇〇〇両など合わせて金二万三六〇〇両という記録も残っている。この問題は庄内藩だけのものではなく、ほかの藩でも同じであった。鳥取藩では、七月四日に鳥取や米子などの町に合わせて三三〇貫の御用銀を申し付け、領内の村々には五分の増米を課した。そのほかにも冥加金や上納金も募っている。また秋月藩では、本藩福岡藩の助力、大坂の豪商からの借り入れ、領内からの献上米金などのほかに、家臣にも負担させているのである。

〈七月十八日〉

明日出立する竹内に暇が下され、藩主から紋付の羽織と帷子を頂戴した。

この日、普請所では持場が引き渡された。

鳥取藩では、副奉行の吉村、普請奉行の永田、場所奉行の一色らが江戸を出立した。掛りの役人は総勢二一五人で、うち一六〇人は足軽や中間などの軽輩者であった。これらの中には江戸屋敷だけではなく、国元から呼び出された者もいた。ほかの藩も事情は同じで、掛りの役人が続々と普請所に集まって来た。

竹内、普請所へ

〈七月十九日〉

朝のうちは大霞であったが、四つ半時（午前十一時）過ぎから晴れ上がってきびしい残暑となった。夜中も暑さが強かった。この日から、竹内の日記に天気の記載がはじまった。

竹内は、暁七つ時（午前四時）過ぎに江戸屋敷を駕籠で出立した。途中の八幡村（現市川市）で昼休みとし、夕七つ時（午後四時）ごろに高津村（現八千代市）に着いた。ここから庄内藩の持場までは二キロ余の距離であったが、元小屋がまだできていなかったので高津村の多兵衛方を旅宿とした。

この日出役したのは、竹内をはじめ副奉行の黒崎、留守居の大山、場所奉行の辻ら一六人であった。一行は人夫二八人と馬一六匹で普請所に向かったので、道中はかなり目立ったことと思われた。

夜、大山が竹内のところにやって来て、「一昨日に篠田殿や金田殿らから十八日に持場を引き渡すと沙汰があったので、服部慎蔵や加藤九助らが出て受け取ったと富樫泰助から聞いた」と報告があった。勘定奉行の服部らは小屋場地所の受け取りのために九日に江戸を出立し、十一日に受け取ってそのまま現地で小屋場の普請にあたっていたが、持場の引き渡しにも立ち会うことになってしまったのである。竹内は、このために急に出役することになったのにそれができなかったので、「最初之御勘定所より御達とハ大ニ齟齬致、拙者共今日之出役無詮よふニ相成ル」と憤慨している。

秋月藩の人夫雇い方引受人の孫兵衛が馬加村に着き、釜屋吉五郎方を旅宿にして手配に取り掛かった。

〈七月二十日〉

上天気で、強暑であった。南風がかなりあって凌ぎやすかったが、炎暑は堪えがたかった。夜中も暑さが強く難儀であった。

竹内は、五つ半時（午前九時）ごろに副奉行の黒崎、場所奉行の辻、目付の加藤を同道して小屋場に行き、それから持場を見て七つ時ごろに高津村の旅宿に戻ったが、この日も驚かされたことがあった。鍬入れの日は二十三日、と十八日に知らされていたというのである。これを聞いて、「是又十八日」と皮肉を込めて記している。

鍬入れの日については、鳥取藩の江戸家老日記によれば十七日に五藩の留守居が勘定吟味役の篠田の旅宿に呼び出されて持場の引き渡し日とともに知らされているので、庄内藩も承知していたはずである。しかも、その席で普請の仕様帳一冊が渡されている。したがって、現場にいた家臣から竹内に情報が伝わっていなかったことがわかる。

竹内が小屋場にいた時、七日立の庄内人夫二三七人が着いた。予定では十九日の到着になっていたが、一日遅れた。七日の人数と差があるのは、ほかに鍛冶や飯炊きなどの数も入っているからである。

この日、秋月藩は貝淵藩との境の両岸に榜示杭を打った。六月二十日に五藩から幕府勘定所に差し出した伺い書の回答にあるように、持場の引き渡しが済んだら境に杭を打つことになっていたので、それにもとづく処置であった。榜示杭は境杭を中央にして、「従是北印旛沼古堀筋御普請御手伝林播磨守丁場」「従是南印旛沼古堀筋御普請御手伝黒田甲斐守丁場」と記され、日付は持場が引き渡された七月十八日となっている。榜示杭の側には藩をあらわす大きな旗が立てられた。

江戸では、幕府の普請御用掛りを勤める勘定奉行の梶野と目付の戸田が出立した。現地での旅宿は、梶野が馬加村の弥左衛門宅、戸田が大和田村の五兵衛宅であった。そのほかの掛りも勘定吟味役の篠田が花島村の内記宅、勘定組頭の金田が北柏井村の新右衛門宅、同じく白石が花島村の善右衛門宅、というようにそれぞれ堀割筋の村々に分散して旅宿とした。

〈七月二十一日〉

今日も天気がよく、同様にきびしい暑さで夜中も強かった。雲気はあるが、とにかく晴れがちであった。普請所では鍬入れに向けて準備が慌ただしく進められていたはずであるが、竹内は終日高津村の旅宿にいて落ち着いた（実際はそうではなかったかもしれないが）一日を過ごした。

この日、勘定奉行の服部が江戸に帰り、九日に国元を出立した徒目付の小竹三郎右衛門が足軽目付一人を連れて普請所に着いた。

庄内藩の元小屋

〈七月二十二日〉

とにかく大暑で、蒸した。時折雲が出て、暮れ前に少々雨が落ちたが、まもなく晴れた。

竹内は、五つ半時（午前九時）から小屋場へ馬で出て、七つ時（午後四時）過ぎに戻った。元小屋がおおよそ出来上がったので、明日は無理にでも引き移ることにした。

庄内藩の元小屋は、横戸村の字南山に建てられた。ほかの藩の元小屋の位置は、沼津藩が萱田村、鳥取藩が北柏井村（七月十四日）、貝淵藩が天戸村、秋月藩が馬加村（七月十日）であった。

庄内藩の元小屋の規模は、絵図によるとおよそ東西六六間×南北一二三間ほどで、東側の一部分が張り出している。周囲に竹矢来を巡らし、その内側は二重の簀垣で囲って見えないようにした。中をさらに竹矢来で南北に区切り、南側を家臣と庄内人夫の居住区、北側を百川屋雇い人夫の居住区とした。元小屋の地所の四隅には「印旛沼古堀筋御普請御手伝酒井左衛門尉小屋場」と書かれた八寸角の標柱が立てられた。

元小屋の南側には大手門と呼ぶ表門が設けられており、ここから家臣や庄内人夫が出入りした。表門を入った左手には袖搦、刺股、突棒、長柄が立て掛けられ、番所、長さ一三間半の足軽目付や徒目付などの小屋、形のよい大きな松があった。右手には、制札場や火防道具が置かれ、長さ一五間の足軽の小屋があった。正面には、玄関や客間を備えた長さ一八間の小屋があり、ここが藩の役所になっていた。その後側には、場所奉行の辻や目付の加藤など家臣の小屋や医師の小屋があった。

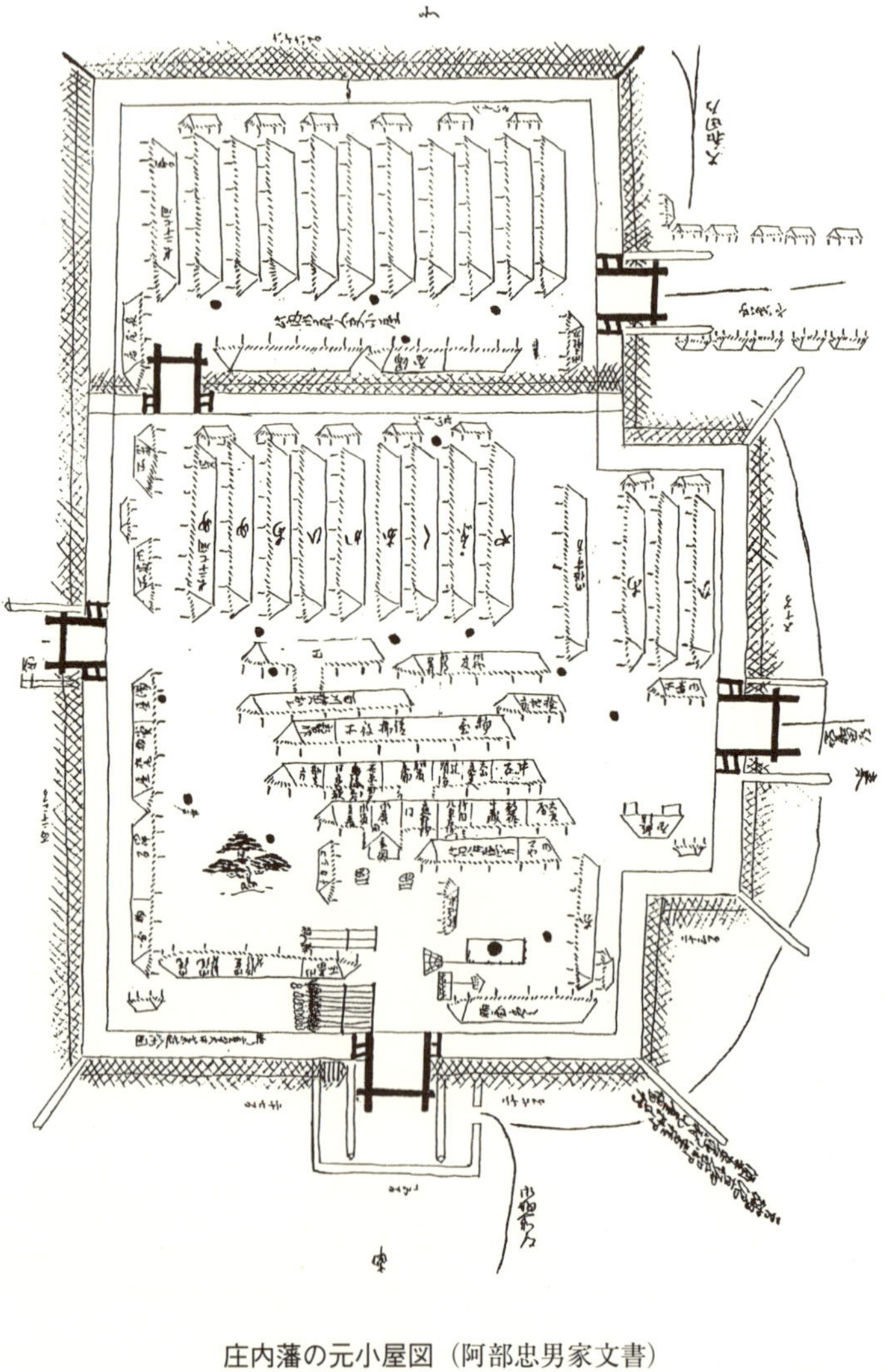

庄内藩の元小屋図（阿部忠男家文書）

百川屋雇い人夫の居住区との境には、庄内人夫の小屋が八郷通ごとに整然と並んでいた。小屋は長さ二七間×幅四間で、掘立柱に葉萱葺や麦がら葺で周囲に二重の簀垣を巡らし、中は板敷に藁むしろを敷いただけの雑魚寝式であった。庄内人夫はここで寝起きして普請にあたることになるが、元小屋の外へ出る際は大庄屋に断らなければならない、小屋内は家と同様に心得なければならない、唄・高声・いろいろな雑言をしてはならないなどさまざまな規制を受けた。

庄内人夫の小屋の前には、大釜が据えられた長さ一五間×幅五間の百川屋の賄い小屋、長さ一五間の郡奉行や代官の小屋が並んでいた。

百川屋の賄い小屋の西側には、庄内人夫用の湯屋や売物小屋が設けられていた。湯屋は一か所であったので、八郷通ごとに順番に入った。これに対して、家臣用の湯屋は小屋ごとに設けられていた。売物小屋は、藩に出入りの江戸の商人が取り仕切っていたが、値段が高いので不評であった。また東側の張り出し部分には、庄内人夫の小屋のほかに肴屋、青物屋、八百屋などが軒を並べていた。

家臣と庄内人夫の居住区内には、井戸が一〇か所余あった。深さは一〇間くらいで、水はよく、昼夜絶えず汲み干しても大丈夫なほど豊富であった。

百川屋雇い人夫の居住区には、長さ二七間×幅三間の小屋が建ち並び、人夫の世話人ごとに雇い人夫が収容された。さらには雇い人夫用の湯屋や炊出し場があり、肴屋、八百屋、餅屋、蕎麦屋、うどん屋などが軒を並べていた。

元小屋の門は、南の表門以外に、東に二か所、西に一か所、南北の居住区の境に一か所設けられていた。

百川屋雇い人夫の出入りは居住区にある東門一か所に限定され、門の外にはにわかの茶屋町が出現し、魚、鳥、鰻、酒、小間物、梨や柿といった果物などを商っていた。これ以外の門には番所が設けられ、出入りが厳重に改められたが、西門は死者を送り出す無常門として使われた。門は明け六つ時（午前六時）に開かれたが、暮れ六つ時（午後六時）に閉じられると、一人も外に出ることはできなかった。

夜中になって、留守居の大山から書面で、「明日五つ時過ぎに元小屋へ篠田殿が立ち寄り、お会いになるということなので、五つ時前に小屋場に詰めていてほしい」と知らせて来た。

明日はいよいよ鍬入れである。

二　普請の鍬入れ

鍬入れ

〈七月二十三日〉

終日上天気で、大暑であった。

竹内は七つ半時（午前五時）ごろに起き、六つ半時（午前七時）前に具足櫃などを持って馬で出た。駕籠はそのまま高津村に預けて置き、諸道具は後で運ぶようにした。

元小屋に行くと、昨夜の予定とは違って勘定吟味役の篠田は元小屋には立ち寄らずに沼津藩の方へ回り、庄内藩の方は夕方になるということであった。しかし、庄内藩の持場を通って沼津藩の方へ向かう篠田と偶然に出会ったので、竹内はとりあえず挨拶を済ませた。夕方、篠田と勘定吟味方改めの笹本が元小屋に立ち寄り、親しく話をした。そのほか、朝には大和田宿と庄内藩の持場の間で勘定組頭の金田、鍬入れの場所では庄内藩の持場を担当する勘定の渡辺と出会い、それぞれに挨拶をした。

夕方、十一日立の庄内人夫が着いた。道中では、尾花沢辺りから病人が出てしだいに増え、小坂峠を越えて仙台道に入ってからは暑さに悩まされ、日中は歩くのが困難なほどになった。そこで、まだ真っ暗なうちに出立し、日中は休み、八つ時（午後二時）からまた歩くようにした。それに薬用の効果もあって、普請所に着くころにはほとんどが全快していた。

この日の鍬入れは、百川屋雇いの人夫が三〇〇人近く入って、庄内人夫と合わせて五〇〇人ほどの人数であたり、滞りなく済んだ（別の記録では庄内人夫二〇〇人、百川屋雇い人夫八一八人の合わせて一〇一八人となっている）。

鳥取藩では三一〇人が出た。また秋月藩では六つ時から五〇〇人余が出たが、鍬入れが首尾よく済んだとして人夫雇い方引受人の孫兵衛に金五〇〇疋（金一〇〇疋＝一分）、後に庄内藩の人夫雇い方引受人となる七九郎に金三〇〇疋をはじめ祝儀が配られた。

こうして五藩の場所仕立による「利根川分水路印旛沼古堀筋御普請」ははじまった。庄内人夫は、これから毎日ホラ貝の合図で七つ時に起床し、追々食事をして六つ時のホラ貝で庄内藩を示す日の丸印の大旗二本を先頭に遊佐郷、荒瀬郷という順に並び、次の太鼓で元小屋を出て普請所に向かうのである。大旗二本のほかに郷通八組の頭文字を染めた木綿の吹流しをそれぞれ持ち、その吹流しを小さくした「まねき」という布を腰に付けて整然と歩く庄内人夫の姿はまるで合戦の出陣のようであった。

普請所に着くと、太鼓の合図で一斉に普請に取り掛かり、四つ時（午前十時）、九つ時（正午）、八つ時（午後二時）にはホラ貝や太鼓で休憩や昼食を知らせた。普請は七つ時（午後四時）に終了し、庄内人夫は朝と同じ隊列で元小屋に戻った。ホラ貝や太鼓を使う合図は藩によってちがいがあり、鳥取藩では取り掛かりが太鼓五つ打ち、休憩・昼食が鐘五つ打ち、引き揚げが鐘となっている。

幕府の勘定方と目付方の役人は、早朝から夕方まで自分が担当する藩の持場に詰めていた。そのため通いやすいように持場に近い村を旅宿としていた。庄内藩を担当していた勘定の渡辺左太夫は横戸村の与五右衛門宅、普請役の小林大次郎、中村運八郎、篠崎藤右衛門は横戸村の宗右衛門宅、目付の行方源兵衛、小人目付の鈴木三右衛門、小島東作は勝田村（現八千代市）の弥一兵衛宅であった。

〈七月二十四日〉

今日も大暑であった。昼は堪えがたく、夜中はとても涼しかった。

竹内は、朝飯後に普請所を一通り見回った。

この日、屋敷替えのため大工の棟梁の直沢縄右衛門らが江戸へ帰ったので、三河屋藤右衛門を当分の間棟梁代として元小屋詰めにした。

秋月藩の持場では、勘定奉行の梶野らが海辺を検分し、船で回った。

〈七月二十五日〉

朝は涼しいが、その後は相変わらず大暑で強い照りであった。

鳥取藩の持場の方から来た勘定奉行の梶野、目付の戸田、勘定吟味役の篠田が、持場内の小屋で休憩後元小屋に立ち寄ったので、竹内らが会った。裾細羽織で普請所に出ていた郡奉行や代官などは会わないことになり、そのまま普請所にとどまった。元小屋にはちょっとの立ち寄りで、それより弁天へ出て、まもなく大和田の方に向かった。幕府の勘定組頭や勘定など大勢いたが、元小屋では次の間に控えていた。

竹内は、梶野をはじめ一同が帰った後に普請所を見回り、取次の石原斎宮と鳥海三右衛門に代官の加勢として隔日一人ずつ普請所に出るように申し付けた。また留守居添役を兼ねていた加藤九助には、これからはもっぱら目付を本務とするように申し付けた。

秋月藩の人夫差配会所には、普請にあたって差配する者や人夫が守らなければならない定書が張り出されていた。その主な内容は次のようでった。

一、賭の諸勝負をしてはならない。

一、幕府や藩の役人に対して少しの無礼もないようにし、申し付けられたことは昼夜にかかわらず果たし、決して背いてはならない。

一、今般の普請に御用を仰せ付けられたことはありがたいことと心得、忠節を専らとして正路実意に働き、互いに和合し、喧嘩や争論などをしてはならない。もし我慢できないことがあれば、その旨を人夫会所に申し出るように。

一、普請中は、詰め合いの場所や出先で、女色はもちろん、酒宴や遊興を決してしてはならない。

一、人夫は普請成就の大本であるから、快く働かせ、相当の賃銭を渡すようにすれば、普請は進捗し、役人中の思し召しにかなうことなので、諸向き差し支えがないように心得なければならない。

一、賃銭は人夫頭から渡すが、非分の取り計らいがあったならば、その旨を人夫会所に申し出るように。なお、自分勝手で、頭分の申し付けに背き、不正がある人夫は、貸し方や賃銭を差し引いて過不足がないように勘定し、小屋払いにする。

一、門の出入りは夜五つ時（午後八時）とし、以後は就寝するように。刻限を過ぎても起きていたり、高声を出したりして不取締の者は小屋払いにする。

定書の中にもあるように、人夫は労働力として普請成就の大本であったので、できるだけ多くの人数を集めなければならなかった。しかしそれは寄せ集めの賃労働者だったから、大きな集団となればさまざまな規制があるのは仕方がないが、それにしても人夫にとってきびしい内容になっている。

貝淵藩・沼津藩叱責

〈七月二十六日〉

昼はとにかく大暑で、雲が時折出て雷鳴もするが降らず、少し落ちてもすぐに晴れた。

朝飯後、竹内は普請所に出た。夜八つ時（午前二時）過ぎ江戸より飛脚が着き、二十三日に本所元柳原の屋敷が引き渡されたと知らせてよこした。

十三日立の庄内人夫が無事に着いたと聞いて竹内は安心したが、炎暑のために疲れがひどくて一日遅れであった。隊列を組んで普請所に向かう庄内人夫に、夏の暑さは容赦なく襲いかかり、しだいに疲れて病気になる者が続出したことから、急遽予定にはなかった矢吹に一泊したため一日遅れになったのである。矢吹の宿では庄内人夫に焼酎を与えていたわった。

五藩の留守居が大和田村にいた目付の戸田の旅宿に呼び出され、勘定奉行の梶野と勘定吟味役の篠田から話があった。その場には、梶野、戸田、篠田のほか勘定組頭、勘定、徒目付も同席した。梶野の話は、仕様帳に従って精励し、普請が捗るようにすべしという内容であった。また篠田からは、今般の普請は水害を除き、通船を便利にして下々を救うことを趣意としていると改めて普請の目的を確認したうえで、人夫が難儀しないようにすべしと話があった。具体的には、人夫頭などが賃銭をかすめ、あるいは不当の渡し方をしているというようなことを聞いたならば厳重に取り計らい、病気になった人夫は厚くいたわり、できるだけ怪我人は出さないように心掛け、物価、運賃、人夫賃など過当な要求をする者がいれば代官の勝田次郎に相談するようにといった内容であった。

それが終わると、別の部屋に貝淵藩と沼津藩の留守居が呼び出され、勘定組頭の金田から普請の心得、幕府の掛り役人への対応の仕方について叱責を受けた。貝淵藩の叱責は、「この度の普請は容易ではないので、できるだけ雑費を省き、出役の役人への応対も丁重なもてなしをせず『簡易』に取り計らい、普請が捗る工夫をして精励するように江戸表において沙汰があったにもかかわらず、いまだに小屋場の普請が行き届かないなど普請方のすべてに等閑の様子が見え、梶野と戸田の検分の際の送迎も手薄ではなはだよろしくなかった」という理由からであった。沼津藩の叱責もおおよそ同じような内容であった。

叱責の後、金田は、「『簡易』というのは無用の費用を省き、出役の役人への応対も丁重なもてなしにならぬようにとの趣意であって、普請向やそのほか要用な場所の人数を減らせば奉行の検分の際に軽率な取り扱いにもなる」と話した。次いで庄内・鳥取・秋月の三藩には、普請の取り掛かり方やそのほか諸事の手はずも整い、梶野と戸田の検分の際も一段であったと称美の言葉があった。そのうえで三藩は、以後も油断なく普請が捗る工夫をし、怠らず精励するようにと念が押された。

こうしたようすを翌二十七日に竹内に報告した留守居の大山は、「休息小屋についても幕府勘定の渡辺様との内談で五か所ほどの増設が決まって給仕の徒や足軽そのほか茶番などの人数を増やさなければならず、貝淵藩と沼津藩は人数不足で不手回しのために昨日の沙汰になったので、要用の人数を減らすのは『簡易』の趣意に齟齬となるから、これを含んで指図されるように」と注意をうながした。「簡易」にという幕府の沙汰にもとづいて、しかも伺ったうえで掛りの人数を決めたのに、その解釈のちがいから貝淵藩と沼津藩が叱責を受けたことは大きな戸惑いとなった。

この日の明け六つ時（午前六時）、鳥居配下の与力三人と同心五人が江戸を出立したが、同心の小倉朝五郎はほかに御用があって出役しなかった。一行は、千住宿から水戸・佐倉道に入り、新宿（現葛飾区）

で与力はふじ屋、同心は中川屋でそれぞれ昼飯にして八幡宿を経て夕七つ半時（午後五時）に船橋宿に着いた。与力は佐渡屋、同心は佐倉屋を旅宿とした。その旅宿へ、吉橋村（現八千代市）無宿の藤蔵、戸神村（現印西市）無宿・入墨の仁助、萱田村（現八千代市）の子之助の三人を捕らえて千葉村に預けたという御用状が届き、与力と打ち合わせて同心の小林藤太郎と加藤太左衛門が取り調べのために出役することとなった。

与力と同心の現地での旅宿は萱田村で、与力は名主の喜八宅、同心には孫右衛門宅が割り当てられた。

〈七月二十七日〉

蒸し暑く時折曇った。朝飯後雨が降ったが、まもなく晴れた。夜中など雷鳴があり、しきりに光った。

この日、副奉行の黒崎が江戸に帰った。竹内は、八月いっぱい、ないしは九月上旬まで江戸表にて御用に差し支えがなければ普請所に在留し、その後は副奉行の二人と一か月交代で始終一人ずつ在留するようにしたいという要望を黒崎に託した。

六月二十九日の人数減らしの伺いでは通常は江戸表で御用を扱うようになっていたが、貝淵藩と沼津藩が叱責を受けたことを考えれば、普請がはじまって一か月余は見届ける必要があると感じたのであろう。

竹内は、夕方に普請所を回り、御用屋敷で郡奉行の山岸、代官の加藤、矢島、石井に幕府と藩からの条目などを見せ、その後目付の加藤、取次の石原、鳥海を自分の居小屋に呼んで江戸出立の前日に殿から下された直書を見せた。山岸ら四人は国元から庄内人夫を率いて直接普請所に来たので、幕府と藩からの条目などについては承知していなかったため、それらを見せて徹底したのである。
昨日、場所奉行の辻へ幕府勘定の渡辺から次のような書付が渡されていた。
一、「御普請中往来之輩不可立留者也　卯七月」（普請中、往来の者は立ち止まってはならない）、「御普請所内へ農業之外猥ニ不可立入もの也」（普請所内へは農業のほかみだりに立ち入ってはならない）
このとおりの札を普請所の道々へ立てるように。
一、諸伺いは場所に詰めている勘定方へ申し立て、その内容によって目付方に相談して即刻指図する。
一、諸届や急がない伺いなどは、梶野と篠田の旅宿のうち最寄りの方へ差し出し、梶野が普請所に詰めていない場合は篠田の旅宿へ差し出すこと。
一、朝、取り掛かりは六つ半時（午前七時）。
一、夕、掘り方引き揚げは七つ時（午後四時）。
刻限はまちまちにならぬようにすべし。もっとも炎暑のうちは人夫が疲れるので、日中の休みは少々緩やかにし、その代わり昼後の休みで埋め合わせること。

町奉行所の与力と同心は、明け六つ半時に船橋宿を出立し、与力三人と同心三人は萱田村の旅宿に向かい、同心の小林と加藤は千葉村に向かった。小林と加藤は馬加村、検見川村を経て昼九つ時ごろに千葉村に着き、博奕で召し捕らえた三人を運ぶ駕籠やそのほかの手配をした。

美味な沢庵漬と人夫の食事

〈七月二十八日〉

今日も暑さが強かった。雲が出て、雷鳴はするが降らなかった。

同心の加藤の日記には「晴、雷雨」と記されているので、竹内が聞いた「雷鳴」は加藤がいた千葉村から検見川村辺りのものであったかもしれない。

勘定奉行の梶野が元小屋に立ち寄るという知らせがあって、竹内は朝飯後に普請所に出るのを見合わせたが、立ち寄りはなく弁天から鳥取藩の持場の方に通り過ぎて行った。この弁天は元池弁天といい、鳥取藩との境のすぐ近くにあり、目印となっていた。また堀割を挟んで反対側の小高い場所には、普請の妨げになるという理由で移された元池弁天の大きな鳥居が建っていた。

竹内らは、夕方になって普請所を見回った。

この日の夜、藩から荒瀬郷の九二人に酒一樽が出入り商人の松尾屋を通じて下された。

酒は、幕府の触れで普請中は禁じられていたので、樽に入っているという共通点から「沢庵漬」と称して四斗樽で密かに出され、庄内人夫に喜ばれた。また櫛引通の一〇三人には、一人三本ずつの割合で三〇九本の鯡が下された。これ以後も、藩から庄内人夫に対し、鯨、塩引、棒鱈、野菜、お守り、痢病の薬、乾物代、肴代などいろいろな品物や金銭が二日おきくらいの割合で下された。

同心の小林と加藤は、明け六つ半時に千葉村を出立して昼四つ半時（午前十一時）に検見川村に着いた。

関所通行手形を手先の半七と利吉に渡し、市川村の名主に囚人通行のことを取り計らうように依頼した。力や同心に囲まれて取り調べを受けるとは思いも寄らなかっただろう。取り調べが終ると、小岩・市川の来た与力と同心が三人を取り調べた。捕まった三人は、このような場所で普段は江戸にいる町奉行所の与囚人の三人も着いた。昼九つ時ごろになって、旅宿の萱田村から普請所を見回りながら検見川村にやって

こうした探索活動に際しては、手足となって働く手先の活躍を見逃すことはできない。この一件で、伝蔵には船橋宿から千葉村へ行った二十七日から二十九日朝までの旅費やそのほかの費用として金三分二朱・銭二一一文、半七と利吉には十五日から二十九日朝までの旅費として合わせて金三両三分をそれぞれ渡した。また別に伝蔵と弥兵衛を風聞探りに差し向け、旅費として金二分を渡した。

〈七月二十九日〉

朝から曇りがちで、はなはだ蒸し暑かった。昼に雷雨があり、夕方には晴れたが涼しくならなかった。竹内は、目付の戸田が元小屋に立ち寄るというので対面を伺ったが、臨時の立ち寄りであるから対面はないとのことだったので、その場には出なかった。戸田の立ち寄りは昼の弁当を使うためであった。そこへにわかの雷雨で元小屋は雨漏りがひどく、畳を起こして急いで長柄傘などをさして凌いだものの、戸田へは「大不調法」になってしまった。この日は篠田も庄内藩の持場を見回ったが、普請所の小屋で休息しただけで、元小屋への立ち寄りはなかった。

庄内人夫の食事は百川屋からの仕出しであったが、大勢の人数に加えていくつもある小屋へ飯や汁を運ぶのは容易ではなく、量の問題もあって大食者の空腹を癒すのは難しかった。そこで、この日から、鍋、

釜、包丁、薪、米、味噌、醤油、塩など炊事に必要な物を与えて手賄いとした。そして汁の実、香の物代として、一日一人一〇文ずつの割合で一か月分を銭で手渡した。食器は木を曲げて作った「わっぱ」を用い、それに飯を盛り、ふたには汁を入れた。

『続保定記』を著した大庄屋の久松宗作は、普請所が海辺に近いので、さぞかし魚類は豊富であろうと考えていたが、来てみると予想と違っていたのでがっかりしている。生魚は「マグロ、カツヲ、コノシロ」の類が少しあるだけで、「アジホシ、サバホシ、鶏、アヒル」の類は多かったがいずれも風味はよくなかった。米や味噌は悪味で国元では食にもならない代物であった。その中で「沢庵漬」だけは美味であったという。それはそうである。酒であったのだから。普請所での生活の中で、久松は、「蚊、アブ」の類はいなくてよいが、「百足、トカゲ、アリ」の類がたくさんいて食いつかれる者がいたと記している。また小屋は、雨が降るとはなはだしく漏るので傘をささなければならず、風が吹くと簀の目から灰のようなごみが入り込んで難渋したという。

明け六つ時、囚人の三人を検見川村から江戸へ送った。この一件に掛かった費用は、金七両一分と銭一八〇〇文であった。半時を経て同心の小林、加藤、川上の三人が出立し、四つ半時に旅宿の萱田村に着いた。与力の三人は普請所を見回った。

第三章　八月・町奉行鳥居の検分と膨らむ普請費用

一　普請所のようす

苦悩する人夫の確保

〈八月一日〉

曇ったり晴れたりで、二度微雨が降った。南風がかなり強く、昼は暑いものの七つ時ごろよりは風のため大いに凌ぎやすかった。夜中も風はやまなかった。小屋からは富士山が見えた。

朝飯後、鳥取藩の境から高台に行くと、勘定奉行の梶野、目付の戸田、勘定吟味役の篠田が弁天の方に回ったと聞いたので、竹内は元小屋に戻った。まもなく三人は元小屋に立ち寄り、弁当を食べた。

庄内藩を担当していた幕府普請役の小林大次郎から、五〇〇人くらいの人夫が世話できるという話があった。庄内藩は、秋月藩の持場に土木普請に熟練した黒鍬人夫が入ったと聞いて百川屋を使って引き抜く動きを見せるなど人夫の確保に頭を痛めていたから、この話にすぐさま飛び付いた。

一〇か月と定められた普請期間の中で、庄内藩は高台という難場を抱えていたから、労働力としての人夫の大量確保は不可欠であった。しかし、五藩の同時着工であったのと、人夫側によりよい条件を求める傾向があったので、庄内藩だけでなくほかの藩も人夫の大量確保には苦労していた。

貝淵藩の場合、当初は一万石という小藩の悲しさからか人夫が十分に集まらず、それが七月二十六日の叱責の一因となったのである。そこで、人夫を確保するために結構な煮物を添えた弁当を出したり、昼休みには葛、砂糖、干飯などを出すようにした。すると、評判が広まり、しかも比較的平地で働きやすい持場という条件が加わって、ようやく人夫の確保ができたが、それと引き換えに貝淵藩は大きな出費を強いられることになった。

とにかくそうしてでも人夫を確保しなければならなかったから、これが後で問題となるように五藩の普請費用を膨張させる要因を作ったのである。

庄内藩の持場では、庄内人夫五〇二人、百川屋雇い人夫八六二人の合わせて一三六四人が普請に従事した。ほかの藩の持場は、鳥取藩が一一〇一人、貝淵藩が五一九人、秋月藩が七月二十三日から八月四日まで合わせて一万一〇人で一日平均九一〇人であった。

毎日、幕府の役人が見回りに来るが、いろいろと注文が多く、普請の仕様が日毎に変わるので、多くの人が迷惑して取り扱いに困っているようだと大庄屋の久松は感じた。しかし幕府の威光に逆らうことはできないから、「泣く子と地頭には勝てない」という心境であった。

〈八月二日〉

朝より暑く、雲があって時折曇った。南西風であるが小屋には入らず、追々晴れ上がってひどい照りとなり、日中より夕方とも大暑で堪えがたかった。

この日、竹内は、幕府普請役の小林に頼んで書状をもらい、孫兵衛と申す者へ遣わした。夜に入って、孫兵衛とほかに一人がやって来た。場所奉行の辻と勘定組頭の林が面談すると、二〇〇〇人ばかり用意できるという話であった。この孫兵衛は、秋月藩の人夫雇い方引受人をしている孫兵衛のことである。

竹内は朝飯後に高台から弁天の方を見回り昼時に戻ったが、普請所では野馬越辺りで百川屋雇いの黒鍬人夫七〜八〇人が昼ごろより普請に取り掛かった。

明け六つ時に与力の中田と同心の川上が江戸へ出立した。また町奉行所から頼まれて土方巧者を連れて普請所に来ていた江戸堀江町名主の熊井理左衛門らも帰った。

与力の佐久間、同心の五島、加藤は沼津藩の持場を見回り、ほかの四藩の持場は与力の原、同心の小林、大沢が見回った。

〈八月三日〉

時折雲が出て曇ることもあったが、まずは照りがちの一日であった。このころにない大暑で実に堪えがたかった。遠方に雷鳴が時折聞こえ、夜は星がおびただしかった。

この日の朝、勘定奉行の梶野が庄内藩の持場を見回り、弁天小屋で休息の後沼津藩の持場へ向かった。また夕方には目付の戸田が鳥取藩の方から見回り、これも同様に弁天小屋で休息の後沼津藩の持場へ向かった。竹内は、朝飯後に普請所を見回った。

与力の佐久間、同心の五島、加藤は今日も沼津藩の持場を見回り、元小屋で総奉行の土方雄右衛門と会った。検見川村に泊まった与力の原、同心の小林、大沢は、昨日の逆の順でほかの四藩を見回って昼ごろに萱田村の旅宿に戻った。

〈八月四日〉

一円曇りで朝は風がなくて凌ぎやすかったが、しだいに照り上がってはなはだ暑かった。時折雲が出たが、昨日より少し暑気はゆるやかであったけれども実に堪えがたかった。夜中に雷電があり、程よく晴れ上がった。

朝、勘定吟味役の篠田が元小屋に立ち寄り、それより野馬越小屋で弁当を食べ、八つ半時（午後三時）ごろまで休息をした。その際、篠田から、暑気の折に大勢がいる所には杉の葉に小糠をまぜて燻せば人いきれの障りがなく、これは小早川隆景の術法なりと教えられ、人夫小屋などで燻すように勧められた。さらに湯へヨモギを入れ、日々使わせばよろしいとも勧められた。

越中山村（現山形県朝日村）の藤兵衛が幕府の掛り役人に呼び出され、検見川村から印旛沼までの検分を申し付けられて幕府の手伝いをすることになった。藤兵衛は大館藤兵衛元貞といい、地元で田麦川を水源とする天保堰の普請を手掛けた実績があって算学に長けていたことから検地方として御用を勤めるように命じられ、七月十三日の三番立の庄内人夫とともに二十六日に普請所にやって来ていた。

藤兵衛は二十八日にはじめて普請所を回った。翌日、庄内藩を担当していた幕府勘定の渡辺から呼び出され、普請の見込みについて尋ねられた。遠慮なく申すようにといわれ、「持場の一一九六間に五八万人くらいで取り掛かれば可能ではないか」と答えた。次いで水中の掘り方について尋ねられると、「水車による回し掘りにすれば格別難しいことはないのではないか」と答えた。その後、庄内藩の持場に来た篠田に呼び出され、化灯土のために掘っても水が湧き出る鳥取藩の持場を検分して普請の仕様について考えるように命じられた。翌八月一日に検分した藤兵衛は、「予想以上の難場で普請費用が莫大になる」と感じたままを報告した。

二日には目付の戸田や篠田など幕府の掛り役人が揃った野馬越小屋に呼び出され、「普請の成就についてどのように思うか」と尋ねられた。そこで藤兵衛は、「これまでこうした普請で成就しなかったことはなく、今回のような難場は当たり前」と答えた。すると篠田は「このような者がいなくては普請は成就しない」と述べたという。これが幕府の手伝いをするきっかけとなった。

庄内藩の持場では、庄内人夫四八五人、百川屋雇い人夫一五七四人の合わせて二〇五九人が普請に従事しており、人夫の数が二千人台に入った。

沼津藩は普請費用の見積書を老中の水野に提出した。提出にあたって三人の見積もりを併記しており、蔵田清右衛門が金七万一四七六両二朱余、深川八幡前の蔵田屋正助が金六万三一四四両一分余、領分駿河国富士郡今泉村（現富士市）の黒鍬新兵衛が金六万五〇九三両二分余となっている。提出

――したのは最も低い見積もりで、沼津藩の人夫雇い方引受人をしていた蔵田屋正助の見積書であった。与力の佐久間、同心の加藤、五島は、庄内・鳥取・貝淵・秋月の四藩の持場を見回り、検見川村の秋元屋重兵衛方に泊まった。

〈八月五日〉

今日も上天気で、時折雲が出た。朝飯過ぎよりよい風となり、風のあるところは凌ぎやすかった。代官の矢島逸策が病気となった。激しい腹痛や下痢を伴う痢病の症状はそれほどでもなかったが、持病のほかに吐き気があり、食事ができない状態であった。こうした病状から、元小屋では看病をはじめ諸手当てが行き届かないということで、養生のために医師の進藤周人が付き添って江戸の親類宅へ向かった。

検見川村に泊まった与力・同心は昼九つ時に引き取ったが、北柏井村では勘定奉行の梶野や勘定組頭の白石に会った。この日、五藩に先月二十三日から昨四日まで日〆の人夫数と人夫雇い方の名前を差し出させ、手先の藤次らに普請所近辺の物価を探るように申し付けた。

江戸にいる与力の中田から、来る十五、六日ごろに「御頭」の鳥居が普請所を見回るという知らせがあり、与力の佐久間と同心の小林が明日江戸に帰ることになった。

人夫の働きぶり

〈八月六日〉

朝は一円曇りで、早朝より大暑であった。四つ時前に晴れ上がって上天気となった。風は昨日より弱かった。夜中も暑かったが、夜が更けてから涼しくなった。

幕府普請役の小林の世話で新兵衛と七九郎が昨日来て、今日から普請に取り掛かり、追々二〇〇〇人の人夫を投入することを取り決めた。

新兵衛と七九郎は、この四日まで秋月藩の人夫雇い方引受人である孫兵衛のところで世話人をしていた人物で、後に横戸村地内の字二子山に小屋を建てて雇い人夫を収容している。

また、百川屋とも人夫二〇〇〇人の取り決めをした。

これによって庄内藩の持場は三つに区切られ、沼津藩側が百川屋雇い人夫、中央の高台部分が庄内人夫、鳥取藩側が新兵衛・七九郎雇い人夫の担当となった。これで態勢が整い、人夫たちはまだまだ暑さがきびしい中で大汗を流しながら懸命に掘った。掘った土は土捨て場に運んだが、人夫によって運び方に差があった。庄内人夫は、「もっこ」を担ぐことに慣れていなかったので、背負いの籠で運んだ。現地雇いの人夫は、両担ぎ籠であった。大量の土を担ぐことはできなかったが、怠けずに仕事をするので思ったよりも捗った。すごかったのは江戸からの黒鍬者で、大きな「もっこ」で重さが三、四〇貫目（一貫目＝三・七五キロ）から水分を含んだ土七〇貫目くらいまで担ぐ。下帯姿の黒鍬は、「ハァドットコショ」「ア、ヨイトヨ」の掛け声とともに担いで土捨て場に向かったのだ。

竹内は、百川屋雇い人夫と新兵衛・七九郎雇い人夫の四〇〇〇人で取り掛かると、一日金三三〇両ほどで一か月金一万両ずつの支払いになると算出し、江戸屋敷に知らせた。それに残りの庄内人夫が来ると一五〇〇人ほどに増え、合わせて五五〇〇人が日々取り掛かることになるので、「誠ニ莫太之御入高ニて何とも当惑深恐入候」と嘆いている。普請費用を見積もった百川屋からは金八万両余の見積書が出ており、膨らむ一方の普請費用に竹内の悩みは尽きなかった。

この日、庄内藩の持場に新兵衛・七九郎雇い人夫が新たに加わったが、その数は二七人と少なく、庄内人夫四六一人、百川屋雇い人夫二〇六四人を合わせた数は二五五二人であった。鳥取藩の雇い人夫は二八二〇人で、前日に比べて八九〇人の増加となっており、鳥取藩でも人夫を集めていることがわかった。

秋月藩の持場では、人夫の世話人たちが賃銭の払い方をめぐって藩の掛り役人に訴えるという出来事が起きた。訴えられたのは世話人頭の仁左衛門で、人夫雇い方引受人の孫兵衛から普請の取り仕切りを任されていた。世話人たちは、この仁左衛門のもとで鬮によって決まった普請場所に人夫を入れていた。最初は人夫の賃銭は一人銀四匁であったが、それが今度は坪割による賃銭に変わり、一坪一二匁になった。これだとこれまでの半分が損金となる勘定であった。そのうえ賃銭は渡されず、仁左衛門が横領していて困っていた。そこで世話人たちは、仁左衛門にこのような大普請を任せたのは孫兵衛の目利き違いであり、普請の遅れにもなり、数多くの人夫に難儀をかけて混乱すれば、藩の名前が表に出ることにもなるので、仁左衛門をはずして賃銭を下げ渡してほしいと訴え出たのであった。

このころ、北柏井村の農民たちは、大勢の人夫が普請所に入り込んでいるので、商品のほか作物、薪、松葉などがなくなって喧嘩、口論などの変事が起きた際の諸費用の分担を決めている。それによると、当人が三分、村方がならしで五分と農民の石高に応じて二分となっている。

幕府の手伝いをすることになった庄内藩の藤兵衛は、早朝、小者一人を連れて萱田村にあった沼津藩の小屋に行った。ここで沼津藩の持場を担当している幕府勘定の愛知升七郎と会い、その後沼津藩の足軽一人の先導で平戸橋まで見て歩いた。この先沼口までは谷地のために足場が悪かったので小船に乗り、そのまま沼に入って臼井を経て佐倉まで行った。翌七日は、鳥取藩の持場から秋月藩の持場までを見て歩いた。

与力の佐久間と同心の小林は、普請所の風聞調書、人夫の人数高調書、五藩の人夫雇い方の名前書の三通を携えて明け六つ時に出立した。残りの四人は旅宿で調べ物をし、手先の伝蔵らを我孫子、木下、銚子、上総方面に風聞調べに出した。江戸から、同心の川上紋五郎が病気のため掛りを御免になったと知らせてきたが、代わりはないということであった。

〈八月七日〉

朝ははなはだ涼しく薄曇りで、五つ時（午前八時）前より追々照りがちになった。暑さも強く、昨日と変わらなかった。昼過ぎに遠方で雷鳴が度々あったがいっこうに曇らず、降る気配もなかった。

江戸にいる副奉行の都筑は普請所に赴くようになっていたが、まだ都筑の居小屋が完成していなかったので来られないでいた。昨晩になって普請を急ぐようにと沙汰があり、調べると九日までには完成するという見通しであった。

持場には幕府の掛り役人が頻繁に訪れるのに、庄内藩側は同役の黒崎が江戸に帰っていて手薄になっていたので、応対に粗相があってはならないと心配して早々に出役させようとしたのである。

国元から追加の庄内人夫を追々出立させると知らせが来た。追加の庄内人夫は徴発ではなくて「厚意登」

の希望者で編成しており、その七五〇人は七月二十八日、八月二日、同五日、同八日の四度に分けて国元を出立している。

竹内は、朝飯後に高台から弁天の方へ百川屋雇いの担当場所を見回った。夕方には、幕府勘定組頭の金田が元小屋に立ち寄った。

鳥取藩の江戸屋敷に、副奉行の吉村牧右衛門から御用状が届いた。その中で、幕府の役人から追々三〇〇〇人の人夫を出して、一〇か月のところを五か月で完成させるように内々話があったと知らせて来た。この日、普請所では、その三〇〇〇人を超えて三二〇八人の人夫が出ていた。

与力の佐久間、同心の加藤、五島は、庄内・鳥取・貝淵・秋月の四藩の持場を見回り、検見川村の秋元屋重兵衛方に泊まった。沼津藩の持場は、ほかに御用があったので見回らなかった。

大便一件と「宰落胤」平千代丸

〈八月八日〉

今朝も涼しく、五つ半時ごろより例のごとく大暑になった。風は弱く、上天気であった。夕方にはたいそう雲が出て、暮れごろより夜中にかけてかなり涼しくなった。

竹内は、昨日着いた徒目付の仙場惣兵衛と交代で江戸に帰る小室金兵衛に書状を託した。内容は、副奉行の都筑が普請所に着き次第ひとまず江戸へ帰ってこちらのようすを逐一報告し、また普請費用が莫大になる見込みなので、出入りの町人に金銭を融通してもらって普請を完成させるようにしたいと考えており、このことについて両殿の考えを伺いたい、というものであった。

与力の佐久間、同心の加藤、五島は、昨日と逆の順で四藩の持場を見回った。しかし沼津藩の持場は、この日も見回らなかった。

鳥取藩の持場では、大便をめぐるトラブルが起こった。江戸からやって来た雇い人夫の安五郎は、時候にあたって腹痛となり、昼休みに花島村の紋五郎の土地にあった雪隠に行ったが、運悪くほかの人が入っていたので、やむをえず庇下で用を済ましていた。それを花島村の善太郎が見咎めて口論になったところへ勘定吟味役の篠田が通り掛かり、両人を召し捕った。幕府代官勝田の手付から、身柄を引き渡したいという御用状が届き、同心の大沢と五島が夜四つ時（午後十時）ごろより花島村に出役した。大沢と五島は、深夜であったのでとりあえず安五郎を名主の吉兵衛方に預けて暁七つ時（午前四時）過ぎに戻った。

〈八月九日〉

今日も天気がよく、朝は涼しくて、風は弱かった。夜中は暑かった。

二百十日は静かで、富士山などが見えた。竹内は、夕方に普請所を見回った。

この日、与力の原と同心の加藤が沼津藩の持場を見回った。

前日、大便をめぐって口論となった安五郎と善太郎に腰縄をして萱田村の名主喜八宅に連れて来て、その後同心が旅宿の孫右衛門宅で取り調べをした。しかし言い合いをするばかりではっきりとしなかったので、花島村の名主勘右衛門に両人の口論の顛末を調べて書面で差し出すように申し付けた。

上総国山辺郡貝塚村（現千葉県九十九里町）の目明庄兵衛がやって来て、同心の大沢から調べるように申し付けられていた無宿牢人の報告をした。この無宿牢人は「宰落胤」平千代丸と名乗り、加持祈祷をしては人々から金銭をだまし取っていた。報告を聞いて、さらに調べるように申し付けた。

江戸にいる同心の小林から、昨日病気の同心の川上に代わって植木栄八が掛りを命じられたと知らせがあった。八月六日に届いた知らせでは代わりはないということであったが、同じ日に江戸に帰った与力の佐久間と同心の小林から、普請が計画以上に大規模なものとなって人夫の数がますます増えていると報告があったため、治安維持の面を考えて後任をおくようにしたのではないかと思われた。

〈八月十日〉

朝から暑かったが、四つ時過ぎより風が出て凌ぎやすくなった。今朝は大霞で、追々晴れ上がった。七つ半時過ぎからはますます凌ぎやすくなった。

副奉行の都筑が暮れごろに着いた。都筑から、竹内が要望した江戸に帰る件について、今しばらく普請所にとどまるようにと沙汰があったと伝えられた。

鳥取藩の持場では、炎天が続く中での普請で病気になる人夫が増え、大病の者も出るようになっていた。そこで施薬することにしたが、それは庄内藩が施薬をしていて人夫の集まり方がよいという評判を聞いたからであった。七日に幕府の役人からあった内々の話を考えれば、もっと人夫を集めなければならない状況になるのは避けられず、ほかの藩の評判には敏感にならざるをえなかった。

庄内藩の藤兵衛は、柏井村の小屋で、幕府勘定の渡辺と鳥取藩の持場を担当している勘定の土肥伝右衛門から鳥取藩と貝淵藩の持場の化灯土について尋ねられた。そこで藤兵衛は、花島観音前の難場は一通りではないので、これまでの堀筋を東側に移すのがよいのではないかと答えた。しかし堀筋の西側にある花島観音の場所を残らず切り崩して堀割とすることについては、莫大な費用が掛かるという理由で否定的な考えを示した。これに対し、渡辺からはそれで難場を除けるのかと尋ねられたが、すべてではないが三分の二は除けると答えた。土肥は三分の二が除ければ普請は容易になると興味を示した。それには花島観音前だけとはいかないので、野馬越から堀筋を直さなければならなかったが、それはできないことではなかった。とにかく花島観音前の化灯土は厄介であったから、幕府としても何かよい方法がないかと模索しているように思われた。

与力の原、同心の大沢、五島が庄内・鳥取の二藩の持場を見回った。同心の加藤は、旅宿で風聞調べの書き物をした。

安五郎と善太郎の大便をめぐる口論一件について、与力の原が二人の処分を勘定吟味役の篠田や徒目付の大橋九一郎に相談したところ、些細なことなので与力・同心の見込みどおりに取り計らうようにと一任された。

〈八月十一日〉

今朝は大霞で追々晴れたが、総じて薄曇りであった。風は西北で、四つ時ごろに東風に変わって追々晴れ上がり、よい天気となった。暑さが増し、その後風がいろいろ変わって南風になったが、やっぱり大暑であった。夜に入って涼しくなった。

留守居の大山が幕府勘定組頭の白石から馬加村に呼び出され、普請費用について尋ねられた。幕府目付の戸田が江戸に帰った。

同心の加藤は沼津藩の持場を見回った。暮れ六つ時ごろ、与力の中田と同心の植木が江戸から着いた。加藤は、八月分の手当、宿代として金五両二分を受け取った。また八月分のろうそく代、紙代、筆墨代も受け取った。

この日、「宰落胤」平千代丸の風聞調べに手先の彦四郎を上総国貝塚村に差し向けた。また安五郎と善太郎の大便一件は、村役人ほかから慈悲願いが出ていることを考慮して詫び証文を取って一件落着とした。

浮上した普請の縮小

〈八月十二日〉

朝は霞が出ていたが、追々晴れた。朝のうちは凌ぎやすかったが、追々大暑になった。風は東風で弱いため、いたって暑さが強かった。夜中は涼しかった。

八月五日に普請所を離れ、江戸の親類宅で養生していた代官の矢島が、昨日の朝に病死したと知らせがあった。矢島は山浜通の代官で、七月七日に一番立の庄内人夫を引き連れて出立して二十日に普請所に着いており、それから二〇日後のことであった。竹内は「不憫成事也」と記して矢島の死を悼んだ。

百川屋の手の者が、堀割の水上部分を一坪につき銀一七匁、水底部分を一坪につき銀三五匁の割合で見積もり、普請費用を金一一万両余と算出した。これは老中の水野からの催促があって急がしていたもので、庄内藩はこの見積書を提出することにした。

七月二十八日立の追加の庄内人夫が着いた。この日に着いたのは遊佐郷からの二〇九人で、大庄屋の今野茂作をはじめ手代割役、大組頭、郷医、そのほか村役人八人が付き添っていた（『続保定記』では村役人や郷医を含めて二二一人となっている）。

竹内は、夕方に普請所を見回った。

暁七つ半時、与力の原と同心の大沢が普請所の風聞書を持参して江戸に帰った。与力の中田、同心の五島、植木が庄内・鳥取・貝淵・秋月の四藩の持場を見回った。夕七つ時過ぎには同心の小林が江戸から着いた。

〈八月十三日〉

雲がある天気で、風は東風であった。朝は随分凌ぎやすかったが、四つ時過ぎよりまた暑さが強まり、暮れからは凌ぎやすくなった。夕方など大曇りになったが降らず、暮れ前より晴れて月夜になった。

竹内は、昨日駿河屋平左衛門（七月二日の駿河屋平兵衛と同一人物か）に会って普請費用の才覚を頼んだ。その駿河屋が今日江戸に帰ったので、竹内も才覚のことを報告するためにすぐさま勘定組頭の林元右衛門を江戸屋敷に遣わした。

昨日、留守居の大山が百川屋の手の者による見積書を幕府勘定の渡辺に見せたところ、このくらいであろうということであった。そのうえで、「このように莫大になるとは予想外で、今度堀床が八間、法が一割勾配に縮小になるようだから、そうすれば普請費用も半分くらいに減るので、それを考えた見積もりで差し出したらどうか」と話があった。これに対して大山は「普請が縮小になるにしても、また見積もりをやり直すと手間取るし、老中の水野様からは度々催促されているので、遅滞はできない」と述べた。「それならばやむをえない、これで届けるように」ということであったので、今日見積書を江戸に送った。

勘定奉行の梶野が高台の検分に来た。普請所で、堀床は七間の積もりで、法は一割勾配でひとまず掘るようにと幕府役人から指図があり、それで取り掛かった。はっきりした理由は示されなかったが、勘定吟味役の篠田から「当初の見込みより普請費用が増えたためいろいろ評議している」と竹内は極密に聞いた。

計画では堀床が一〇間、法が二割勾配であったが、一〇か月の普請期間の中で次々と人夫を投入しなければならなかった普請は、五藩の経済負担をますます重くしていた。これが幕府内で大きな問題となって、普請所の風聞を調べたり、見積書の作成を命ずるなど普請の見込みを模索する中で縮小案が急速に浮上したものと考えられる。そこで、現場にいた幕府の掛り役人は、堀床が八間に仕様替えになることを見越して法を一割勾配で掘るようにと指図したのであろう。

秋月藩では、担当していた幕府支配勘定の大竹伊兵衛から十一日までの進捗状況を書き上げるように指図され、三分の出来と書いた。本当は五分の出来であったが、今後の普請が進捗しなかった時のことを考えてあえて低く抑えたのである。

与力の中田、同心の小林、加藤が沼津藩の持場を見回ったが、この沼津藩の持場では人夫賃金の支払いをめぐってトラブルが起きていた。五日までは普請のプロ人夫黒鍬と現地雇いの人夫の賃金は一日銀四匁五分であったが、十日になって黒鍬に銭四四八文、現地雇いの人夫に銭四〇〇文ずつそれぞれ支払ったところ、少ないと不満を持った現地雇いの人夫が持場から引き払ってしまった。それが影響して十一日と十二日には人夫の数が減り、さまざまな風評が立った。そこで十三日に銀四匁五分に戻すと、人夫が増えて以前のとおりになったという。まったく現金な話である。

この日、江戸の長谷川町名主の鈴木市郎右衛門と深川中島町名主の久右衛門が、町方御用達の仙波太郎兵衛手代甚兵衛ほか九人を引き連れて普請所に着いた。これは与力・同心が五藩の普請費用を見積もらせるために呼び寄せた者たちであった。

江戸表においては、町奉行の鳥居が勘定奉行の兼務を命じられた。これによって、町奉行としての職務だけでなく、普請そのものにもかかわりを持つ立場となり、与力・同心は本来の治安維持のほかに勘定奉行の鳥居の配下としての活動も加わった。

〈八月十四日〉

早朝五つ時ごろより追々雲が出たが、かなりの東風で雲脚が速かった。四つ時ごろまではあまり暑くなく、その後東風も強くなって曇りがちの天気で、このころとしては少し凌ぎやすい方であった。暮れになって晴れ上がった。

二日立の追加の庄内人夫が着いた。この日に着いたのは荒瀬郷の一七〇人と狩川通の五〇人で、大庄屋の堀内蔵治をはじめ手代割役や郷医などが付き添っていた（『続保定記』では村役人や郷医を含めて二一八人となっている）。

この日、勘定奉行の梶野が江戸に帰った。

昨日からの普請仕様の変更について、竹内は「詳細は追々とのことだが、とかくいろいろになる」と一貫性のない幕府の姿勢を批判した。

それだけ幕府内では普請費用の膨張問題が深刻になっていたのであろう。梶野が江戸に帰ったのも、この問題に関してのことであったと考えられる。この日の御用留には、老中の水野に提出した堀床一〇間・法二割の見積書の内容が記されている。それによると、水上部分の普請が一一万八一〇七坪で金三万三四六三両余（一坪につき銀一七匁）、水底部分の普請が一二万四四三五坪で金七万二五八七両余（一坪につき銀三五匁）、泥汲み・水替え水車、足場そのほか一式で金一万一〇〇〇両ほどとなっている。合わせると金一一万七〇五〇両余で、当初の幕府の見積もりが全体で金一五万両余であったことを考えると、一藩の負担の重さは歴然としている。この見積書は、十二日に百川屋の手の者が藩に差し出した見積もりにもとづいていた。ほかの四藩の見積もりは、沼津藩が金六万三一四四両余、鳥取藩が金六万一五〇〇両余、貝淵藩が金四万両余、秋月藩が金一万両余となっている。庄内藩の分を含めると、金二九万一六九四両余という途方もない金額になる。

与力の中田、同心の小林、五島、加藤、植木は、江戸長谷川町名主の鈴木市郎右衛門らを連れて五藩の持場を見回り、夕七つ半時（午後五時）に検見川村に着いた。中田は秋元屋重兵衛宅、同心の四人は浄土宗善勝寺を旅宿とし、ほかはそれぞれ旅籠に泊まった。

江戸にいる与力の佐久間と原から、昨日「御頭」の鳥居が勘定奉行勝手方を兼ねることになったと知らせて来た。

勘定吟味役の篠田から、花島村に居酒屋渡世の者が新規に店を出したので夕七つ時までは営業を禁ずると代官の手代が申し付けたが、守ってないようなので密かに調べてほしいと与力の中田に話があった。また北柏井村で茶漬茶屋渡世をはじめた者が女を置いているというので、これも調べてほしいと話があった。

かねてより探索していた「宰落胤」平千代丸を、上総国山辺郡片貝村（現千葉県九十九里町）で召し捕らえたと知らせがあった。同心の加藤は、それを引き取るため手先の彦四郎と半蔵を今朝差し向けた。

「蛇の食」の普請所

〈八月十五日〉

朝は快晴であったが、朝飯後より追々雲が出た。夕方には曇りがちとなった。朝より東風が随分強く、昨日よりは凌ぎやすい方であったが、昼から夕方にかけて暑くて困った。

江戸屋敷から竹内へ、副奉行の都筑だけでは安心できないので、もうしばらく在留するようにと指示があった。これは、都筑が普請所に着き次第、莫大な見込みとなった普請費用について手当てするために江戸に帰りたいと八日に送った書状に対する返事であった。


江戸屋敷では、竹内でさえはじめは普請についてのみ込めていなかったのだから、着いたばかりの都筑一人だけではどうであろうかと懸念し、幕府の役人が現場に詰め切りになっている現状を考慮

して決定したのである。前藩主の忠器と藩主の忠発の両殿が、この普請を殊の外案じていたのは言うまでもない。

昨日二日立の追加の庄内人夫が着いたが、五日立が山浜通五〇人、櫛引通五〇人、京田通六九人の合わせて一七八（一六九）人、八日立が平田郷一一一人、中川通八一人の合わせて一九〇（一九二）人、それとそれぞれに村役人が付き添って来ると報告があった。

『続保定記』によると、村役人や郷医を含めた数は、五日立が十七日着で一六一人、八日立が二十日着で一五〇人となっている。御用留とは数字が違っているが、これによって庄内から普請所に来る人数は、はじめの六〇〇人に追加の七五〇人、さらには村役人、大工、鍛冶、飯炊きなどを加えて一四六三人に達することになる。

この日、庄内藩の人夫は三〇〇〇人を超え、庄内人夫七五四人、百川屋雇い人夫二四五六人、新兵衛・七九郎雇い人夫一九〇人の合わせて三四〇〇人であった。

十五夜の月見祝儀として、庄内人夫に一人銭五〇文ずつ下された。

与力の中田、同心の五島、植木は、検見川村を出て普請所を見回り、その後印旛沼周辺の検分に出た。彼らは、安食村に泊まり、翌十六日の暮れ六つ時に旅宿に戻った。

江戸にいる同心の小倉から、昨年十月の試掘の際、大和田村名主の小十郎とほかに四人の者が馴れ合って、印旛沼や古堀筋の村々から金三、四両を集めた風聞があるので、密かに調べるようにという内容の書状が届いた。書状ははじめ萱田村の旅宿に着いたが、与力・同心は普請の見積もりの件で検見川村に泊まっていたので、こちらに回って来て明け八つ半時（午前三時）に届いた。暮れ六つ時ごろには、「宰落胤」平千代丸を引き取った手先の彦四郎と半蔵が検見川村に着いた。

与力の原、佐久間、同心の大沢、小倉の四人は江戸にいたので、三人が印旛沼周辺の検分に出た後、検見川村に残っていたのは同心の加藤と小林の二人であった。

〈八月十六日〉

朝から雲が出て、南風がかなり激しく吹いて曇りがちになった。蒸し暑くて、夜中も風がやまず、昨夜とは違って涼しくなかった。

竹内は、野馬越で勘定吟味役の篠田に会っていろいろと話をしたが、その趣意が一向にのみ込めなかった。趣意が何なのかわからないが、おそらくは普請仕様の変更による縮小問題であったのであろう。

大庄屋の久松は、国元に宛てて普請所のようすをいろいろと書き綴った書状を送った。その中で、「古堀の普請は天明三年に田沼公の威勢をもって行われたもので、今は亀崎（酒田の亀ケ崎城）の外堀くらいの模様になっているが、いずれにしても莫大で大変な場所である。この度の普請は曲がりを直し、幅も広く、また深く掘らなければならない箇所もあり、国元で考えていたのとはあまりにも違い過ぎる。これでは完成がおぼつかなく、人夫は六〇万人は掛かるだろうし、費用も金二〇万両くらいと見込まれる。このとおりならば、残らず古堀筋の蛇の食になってしまい、所替えと同じことだ」と記している。さらには、難しい普請が予想された化灯土について「鳥取藩や貝淵藩の持場内には、化灯という泥土が多く湧き出す場所があって最大の難場となっている。馬糞のような

土で水気がはなはだしい所は湧き出し、どろどろとしていて、鍬にも鋤にも引っ掛からず、ただ水のように汲み干すしか手立てがない。そのうえいくら掘っても、一夜のうちに泥土が湧き出して埋まってしまう」と記している。とにかく、長さ三間の竿を残らず差し込んでも果てがなく、どこまでも入るという厄介な土質であった。自分が思っていたよりはるかに大きな普請で、あまりにも金を食うものであったから、久松は「蛇の食」という言葉を用いたが、ここでも三方領知替えのことが頭をよぎったようである。「蛇の食」といえば、上空から俯瞰すると大勢の人夫が働いている堀割はまさしく一匹の大蛇がうごめいているように見えるし、これで完成しなければ堀割に大金を捨てるようなものである。中川通代官手代の大滝も、久松と同様に普請所のようすを書状にしたためている。このころの季節について、「朝の霧は白雲のように深く、庄内の霧雨と同じで、障子を開けると吹き込んで寒く、四つ時ごろに晴れ上がって日中は暑くて堪え難く、夜は冷気になる」と記している。残暑はきびしかったが、季節の移り変わりが確実に訪れていることを感じさせる。また食べ物について、「元小屋で商いを許されている者が食べ物を売っていて、生魚はボラの子のイナで、まれに小アジ、赤貝などを持参するが、風味がよくなくて値段が高い」と嘆いており、久松が『続保定記』に記したのと同じ感想である。こうした中で大滝は、焼酎を密かに飲み、鶏卵を食べていた。焼酎は百薬の長であり、鶏卵は一個銭一四文で売っていたが、周辺から来ている雇い人夫の世話で銭八文くらいで手に入れることができたので大助かりであったという。

同心の加藤は、検見川村の秋元屋重兵衛宅で「宰落胤」平千代丸を取り調べ、夕七つ時に引き取って萱田村の旅宿に暮れ六つ時過ぎに戻った。

この日、前日に同心の小倉から依頼があった風聞調べを江戸に送った。調べによると、金はおよそ銭三貫文ほどであったが、これは昨年の四月以来勘定方役人などの検分の際に旅宿を勤める者が米代などの支払いで困っていたので、そのために集めたことがわかった。また、この日は、検見川村の善勝寺に茶代金二朱、検見川村に逗留中の相対旅籠代そのほか金二分二朱、秋元屋重兵衛宅での夜食代金二朱を支出した。ほかに、度々風聞を探らせた穴川新田（現千葉市）の吉右衛門宅居候の弥七郎に酒代金一〇〇疋、「宰落胤」平千代丸を捕らえた上総国山辺郡貝塚村の目明庄兵衛に金一分を与えた。

二　町奉行鳥居の検分

鳥居、普請所へ

〈八月十七日〉

昨日よりも南風が激しく、土を吹き立てる様は庄内の大雪がふぶくのと同様で、目や口を開けられない天気であった。雲はあるが曇らず、蒸し暑い方で、時折晴天になった。暮れ前は少し静かな方であったが、夜中も風がやまず激しかった。この大風のため、竹内は普請所の見回りをやめた。元小屋は土だらけで、何度も掃かなければならなかった。

竹内は、日記に二首の歌を書き記した。

おきふしを　野中の原の古堀に　なく虫のほか　問ふものもなし

秋ののに　あわれとやなく　旅枕　夜ことに虫や　かつをつくして

何もない普請所での生活は、竹内にとって寂しさが募る一方であった。江戸に帰りたかったが、それが許されずもうしばらく在留しなければならなくなったからなおさらである。秋も深まって、虫の音が一段と高くなっていた。

この日、藩主から竹内、副奉行の都筑、留守居の大山、場所奉行の辻に枇杷葉湯と鯨が下された。特に竹内に対しては、「鳥居様が近々出張するようなので油断しないように」という大殿の言葉が伝えられた。

――枇杷葉湯は、枇杷の葉に肉桂や甘茶などを加えて煎じたもので、暑気あたりなどに効果があった。

そのほかの家臣や庄内人夫にも鯨が下された。鯨は庄内人夫一人につき二五匁で、ほかに庄内味噌二〇匁ずつと根深、茄子であった。

五日立の追加の庄内人夫が着いた。この日に着いたのは村役人や郷医を含めて一六一人で、大庄屋の和田善内が付き添っていた。

秋月藩の持場では、激しい南風で高波が押し寄せ、海に近い場所が崩れたり、海中に没するなどの被害を受けた。

与力の中田、同心の五島、植木は、五藩の持場を見回り検見川村の秋元屋重兵衛宅に泊まった。江戸から萱田村の旅宿に御用状が届き、明日「御頭」の鳥居が江戸を出立し検見川村に泊まると知らせがあった。

〈八月十八日〉

今朝は東風に変わったが、同様に激しく、大曇りであった。朝のうち微雨があり、五つ半時（午前九時）過ぎより雨はなく風ばかりとなった。終日曇りで、暮れごろより風がやんだ。

昨日から、元小屋の板はめに取り掛かった。家臣の小屋は、床に畳を敷き、周囲は簀垣で囲い、屋根は葉萱葺きであった。暑いうちはこれでもよかったが、しだいに涼しさが身にしみるようになり、それで板で周囲を覆うことにしたのである。しかし庄内人夫の小屋は簀垣のままであった。

後に、庄内人夫の身を案じた大庄屋が、冷気が増せば夜中の風の吹き抜けで病人が増し、普請が長引けば寒風を凌ぐ囲いがなければ住めないので、小屋を藁で囲い、床の下敷を厚くしてほしいと願い出ている。

庄内人夫の小屋では、八郷通からそれぞれ村役人が二人ずつ出て毎日火の用心にあたっていた。詰め所は四か所設けられていて、一か所に四人ずつ配置された。四人のうち二人が不寝番で、二～三棟ずつくまなく小屋の内外を見回った。万一火事の場合は、消火用具である竜吐水の人夫として中川通と櫛引通から二〇人ずつ出し、このほかの郷通からは二〇人ずつの火消し人夫を出すことになっていた。

鳥取藩の江戸屋敷では、この日の寅（午前四時）の下刻に藩主池田慶行の祖母が病死したので、老中の水野に定式半減の忌服を届けるとともに、忌中の普請について伺いを出した。その日のうちに回答があり、遠慮に及ばず普請所に人を出すようにと指示があった。

こうしたところに、とにかく少しでも早く普請を完成させたいという水野の考えをくみ取ることができる。

与力・同心は、旅宿の萱田村を明け六つ半時に出て、四つ時に検見川村に着いた。そして与力の中田、同心の加藤、五島、小林の四人は、「御頭」の鳥居を出迎えるために馬加村まで出向いた。鳥居は代官勝田の手代の案内で江戸からやって来たが、それに与力の佐久間、原、同心の大沢が付き添っていた。

馬加村に着いた鳥居は、名主の吉右衛門方で休み、夕七つ時ごろから秋月藩の持場を回りはじめた。そして海岸の出張小屋で休んだ後、堀割沿いに普請のようすを見て七つ半時に検見川村の本陣に入った。鳥居が勘定奉行を兼ねていることもあって、勘定吟味役の篠田と勘定組頭の金田が検見川村で出迎え、それぞれ善勝寺と呉服屋宅を旅宿とした。また与力の三人は秋元屋重兵衛宅、同心の加藤、五島、小林、大沢、植木は鹿島屋清次郎宅を旅宿とした。

同心たちは、旅宿で上総国菊間村（現市原市）無宿の伊之吉を取り調べた。この取り調べで、博奕を数度したことを認め、盗みについても認めた。そこで、伊之吉と検見川村に預けていた「宰落胤」平千代丸を明日江戸送りにするように手配した。

〈八月十九日〉

終日曇りで、南風になったが弱かった。

目付の加藤が一昨日の夜から痢病となり、養生のため医師の久島玄海を付き添わせて江戸に帰した。そこで、加藤が回復して普請所に戻るまで、郡奉行の山岸嘉右衛門に目付を兼ねさせることにした。

竹内は、鳥居が昼に元小屋に立ち寄ると聞いたので待機していた。しかし立ち寄りはなく、鳥居は普請所の小屋で堀床七間の見積もりやこれまでの普請費用などを調べるよう命じて沼津藩の持場に向かった。

この日、庄内藩の人夫は、庄内人夫八七三人、百川屋雇い人夫二九八六人、新兵衛・七九郎雇い人夫二三七人の計四〇九六人で、四〇〇〇人を超えた。

庄内人夫一二九七人に、一人三本ずつの割り当てで、合わせて三八九一本の鯡が下された。

鳥居は、勘定吟味役の篠田と勘定組頭の金田を同道して秋月藩の持場から検分をはじめ、鳥取藩の元小屋で昼飯を食べて沼津藩の持場の印旛沼口まで行き、暮れ六つ時に大和田宿の本陣に着いた。検分の途中で、鳥居から、いろいろと取り調べることがあって手が足りないので、江戸にいる同心の小倉を明日大和田宿まで呼び寄せるように申し付けられた同心の加藤は、鳥取藩の元小屋で御用状をしたためて手先の藤次を差し向けた。もう一通、江戸堀江町名主の熊井理左衛門に宛てて、普請に詳しい者を一両人連れて至急大和田宿に来るようにしたためてこれも藤次に持たせた。

明日、鳥居が代官勝田次郎手付の吉田来助と普請役の川島太郎市の案内で手賀沼、利根川、印旛沼の検分に出るので、それに付き添う与力三人と同心の大沢、五島、植木が大和田宿に泊まった。与力三人は組頭の惣助宅、同心は蔦屋平兵衛宅を旅宿とした。

萩や撫子が花盛り

〈八月二十日〉

今朝はいたって涼しく、朝飯後など東風が寒く吹いた。はじめは曇っていたが、四つ時過ぎより追々照り出し、昼過ぎに風がやんだ。八つ半時ごろ南風に変わったが、八つ時過ぎに普請所を見回った折は風がなくて照っていたので汗模様となった。その後風が出て、弁天小屋などはいたって寒かった。追々晴れて快晴になったが、夜中も涼しかった。

竹内は、自分の小屋の板はめが完成したので、少しは人の住家のようになり、月星も差さぬようになったと喜んだ。

――総奉行の小屋でさえこのような有様であったから、人夫の小屋がどのようなものであったかは想像に難くない。

昨夜、勘定組頭の林が江戸から戻り、金銭の才覚などについての詳しい報告があったが、内容は記載がないのでわからない。ほかに留守居の矢口からの書状を持参したが、それは老中の水野の公用人との話の趣旨を伝えるものであった。矢口は、場所によって堀床が七、八間になるようで、普請所で掛り役人から指示があり次第縄張りなどをやり直したうえで改めて普請費用の見積もりを差し出さねばならないが、特にわが方の持場は高台なので縮小の可能性があると書いていた。そして、普請費用が掛からないようにという趣旨からなので、おおよそでいいから早く見積もりを差し出すように話があったと締めくくっていた。

八日立の追加の庄内人夫が着いた。この日に着いたのは村役人や郷医を含めて一五〇人で、大庄屋の尾形八郎治が付き添っていた。これで追加の庄内人夫はすべて普請所に着いた。小屋に落ち着くと、郷通がわかるように腰に付ける「まねき」、藩主からのお守り札、羽黒山の行者が祈祷した水天狗のお守りが下された。

明け六つ半時、鳥居が出立した。同心の加藤らは大和田宿の本陣へ行き、同宿のはずれまで見送った。

――この検分は三泊四日で、二十日布佐村（現我孫子市）、二十一日安食村、二十二日酒々井村に泊まり、二十三日に大和田宿に帰着する日程になっている。

出立に先立って、鳥居は、堀床が一〇間では費用が膨らんで大名方が迷惑するので、堀床を七、八間にすれば費用も減るだろうから、法の勾配を含めて仕様替えについて調べるように残った同心に命じた。その際、普請所内で費用を減らせる見込みの場所があれば遠慮なく申し出るよう大名方に話すようにと指示があった。そこで同心は、萱田村の旅宿で沼津藩の小林要蔵、庄内藩の辻と林、鳥取藩の森田門三郎、貝淵藩の松平備太夫に、その有無を二十二日夕方までに提出するように指示した。秋月藩については、来月中には完成の見込みで、費用も多くはないという理由で呼ばれなかった。そのほか完成の時期と費用の見積もりも提出するように指示しているが、このことについては秋月藩にはすでに昨日のうちに与力の中田から指示が出ていた。

これとは別に、同心たちは、鳥居から堀床七間の仕様替えについて五藩の人夫雇い方引受人や普請に詳しい者と内談するように命じられていた。そこで、内談の内容を勘定方の普請役などに話してもよろしいかを伺うと、鳥居の返事は話してもかまわないということであった。同心たちが内談したのは、沼津藩持場の江戸深川北松代町蔵田屋庄助、同上大島町三右衛門、庄内藩持場の下総国葛飾郡加村（現流山市）武八、同郡今上村（現野田市）、常陸国真壁郡関本村（現茨城県関城町）名主七九郎、鳥取藩持場の下総国葛飾郡原木村（現市川市）名主嘉七郎、貝淵藩持場の下総国印旛郡惣深新田名主源兵衛、秋月藩持場の常陸国岡田郡崎房村孫兵衛であった。

そのうち孫兵衛は、すでに前日の夕方に秋月藩が大和田宿の鳥居の旅宿に呼び出された際に一緒に連れられて行き、与力衆から明日呼び出す手はずになっているがと前置きがあったうえで普請について尋ねられた。そして内々に、ほかの四藩では普請費用が莫大に掛かるというが、不審なので見回って見積もりを差し出すようにと話があった。

夕八つ半時ごろ、同心の小倉が着いた。また江戸堀江町名主の熊井理左衛門も普請に詳しい者を連れて着いたので、さっそく普請の仕様替えや見積もりについて調べるように頼んだ。また、鳥取藩の持場で人夫雇い方の下請負をしていた江戸深川入舟町の大和屋一郎と内談するように、こちらは十三日から滞在している江戸長谷川町名主の鈴木市郎右衛門と深川中島町名主の久右衛門に頼んだ。

〈八月二十一日〉

朝五つ半時（午前九時）より雨になり、終日晴れ間がなく、微雨が霧のようであった。七つ時（午後四時）過ぎより音を立てる雨となり、夜中も同様で、雨漏りの音がして気味が悪かった。寝ている所へ漏らないように祈った。終日東風で、朝飯過ぎより夕方にかけて寒かった。

竹内は雨天のため普請所の見回りを休んだが、普請所の周辺は萩や撫子などが花盛りで、秋を感じさせる風景になっていた。

夜中、百川屋から鰹の刺身と卵のふわふわ料理が届いた。それに内々に徳利をつけてくれたが、酒は禁じられているという理由で断り、返した（こうしたところに竹内の実直な性格を垣間見ることができる）。

竹内が日記を書いていると、雨が激しく漏れて大騒ぎとなり、小屋の梁に板を置いて防いだ。

庄内藩を担当していた幕府勘定の渡辺から、持場が完成したら検分を受けて引き払って結構で、その後に堀割が崩れても幕府の普請になると話があった。

この日、櫛引通の村役人が病人用の雪隠を造るために材料がほしいと願い出た。

雪隠小屋は五間で、材料として材木のほかに簀、藁筵、縄、四寸釘などを書き上げており、溜め桶を五つ設けるようになっている。このころ、痢病や傷寒といった伝染性の病気になる庄内人夫がしだいに増えていたので、感染を防ぐために雪隠を別にしようとしたのである。

与力・同心は、この普請で堀割周辺の村々の中に難儀している場所があると聞き、長谷川町名主の鈴木市郎右衛門と深川中島町名主の久右衛門に探るように話をした。しかし、わかりにくいというので、馬加村名主の弥左衛門に内密に聞くために呼ぶことにした。

〈八月二十二日〉

夜中から今日も晴れ間がなく雨が降った。微雨ではあるが、昨日よりは時折少し降った。七つ時前に晴れ模様になり、雨がやんだ。終日東風で、昨日よりは寒くはなかった。

雨天のため普請を休むようにと幕府勘定方から達しがあった。七月二十三日に鍬入れとなってから、庄内藩の持場で普請が休みとなったのははじめてで、この日は五藩の持場のすべてが休みとなった。庄内人夫にはこれまで八郷通内で順番に休みを取らせていたが、この日の普請休みによる遅れを取り戻すために、明日から病人を除いて普請に出るようにした。

堀床七間・法一割の見積もりが出来上がり、夕方になって町奉行の鳥居宛に差し出した。それと老中の水野に届ける手配をした。見積もりでは普請費用を金五万二四九九両二分ほどと書き上げたが、水中の部分については掘り進んだ段階で湧水が多い場合は費用が増えると付け加えた。

堀床一〇間・法二割の見積もりでは金一一万七〇五〇両余であったから（八月十四日）、差し引き金六万四五〇〇両余もの減少となる。また、これまでに掛かった普請費用として金五二八六両余と書き上げているが、これは七月二十三日から八月十九日までのものである。ほかの四藩の堀床七間・法一割の見積もりは、沼津藩が金四万三四三〇両余、鳥取藩が金四万三二八〇両余、貝淵藩が金三万四七〇〇両余、秋月藩が金九六〇〇両余となっている。これを各藩が出した堀床一〇間・法二割の見積もり（八月十四日）と比べると、沼津藩が金一万九七一四両余、鳥取藩が金一万八二二〇両余、貝淵藩が金五三〇〇両余、秋月藩が金四〇〇両余それぞれ減少することになり、普請の縮小によって負担の軽減が期待された。

〈八月二十三日〉

今日も終日雨で、東風であった。昨日よりも時折強く降った。

雨天であったが、普請に取り掛かった。しかし幕府勘定の渡辺から沙汰があって、途中で新兵衛方の黒鍬人夫を除いて休みにした。庄内人夫は、追加の人夫がすべて着いたこともあって、この日はじめて一〇〇〇人を超えて一〇八九人が普請所に出た。

竹内は夕方普請所を見回った。傘をさしていてもかなり濡れたため、もう雨は嫌だとこぼした。昼ごろ、沼津藩の領内から来ていた名主の伴右衛門ら三人が江戸に向けて出立した。三人は、普請を請け負いたいと十六日に国元を出て、二十日の八つ時（午後二時）に萱田村の沼津藩の元小屋に着いた。しかし、すでに普請は蔵田屋庄助が請け負っていて、そこに入り込む余地はなかった。しかたなく普請所を見て回ったが、三人はより一層興味をそそられたようで「扨々珍敷御普請也」と記している。人夫も四〇〇人ほどいたという。

この日、勘定奉行の梶野が江戸を出立して馬加村に着いた。

今朝酒々井村を出立した鳥居は、印旛沼を検分して夕七つ時に大和田宿の旅宿に戻った。与力・同心は揃って大和田宿に出て、与力は組頭の惣助宅、同心は蔦屋平兵衛宅に泊まった。

鳥居は、与力の三人と普請所に残っていた同心の三人、それに堀江町名主の熊井理左衛門、長谷川町名主の鈴木市郎右衛門、深川中島町名主の久右衛門を旅宿に呼び出し、五藩や内談をした者から差し出された仕様替えや普請費用の見積もりの取り調べについて尋ねた。

同成社江戸時代史叢書

〒102-0072 東京都千代田区飯田橋4-4-8 東京中央ビル
Tel.03-3239-1467 Fax.03-3239-1466 振替00140-0-20618
http://www.nepto.co.jp/douseisha E-mail:LES01125@nifty.ne.jp
2001.12

①江戸幕府の代官群像
村上　直著
四六判　二六四頁　二二三三円

江戸時代史研究の第一人者である著者が、特定の郡代・代官に視点を据え、江戸幕府の地方行政官たちが、殖産興業を含めた民政をどのように推し進めていったのかを明らかにしていく。

②江戸幕府の政治と人物
村上　直著
四六判　二六四頁　二三〇〇円

幕府の政治方針はどのようなしくみで決定され、そして直轄領や諸藩の庶民に浸透していったのか。本書は、江戸幕府の政治とそれを担った人々を将軍や幕閣と地方行政の面から考察する。

③将軍の鷹狩り
根崎光男著
四六判　二三四頁　二五〇〇円

江戸幕府の将軍がおこなった鷹狩りを検証し、政治的儀礼としての色彩を強めていった放鷹制度や、それを通じて築かれた社会関係の全体的輪郭と変遷を描き出した、いわば鷹狩りの社会史である。

④江戸の火事
黒木　喬著
四六判　二四八頁　二五〇〇円

火事と喧嘩は江戸の華。世界にも類を見ないほどに多発した火災をとおして、江戸という都市の織りなす環境、武士の都としての特異な行政、そしてそこに生きる江戸市民の生活を浮き彫りにする。

⑤芭蕉と江戸の町
横浜文孝著
四六判　一九二頁　二二〇〇円

延宝八年（一六八〇）秋、芭蕉は深川に居を移す。諸説と異なり、その事情を火災に見出す著者は、災害をとおしてみた江戸を描くことによって、芭蕉の深層世界に迫ろうと試みる。

⑥宿場と飯盛女
宇佐美ミサ子著
四六判　二三二頁　二五〇〇円

江戸時代、宿場で売娼の役割をになわされた飯盛女（めしもりおんな）たち。その生活と買売春の実態に迫り、彼女たちが宿駅制の維持にいかに利用されたのかを「女性の目線」からとらえる。

⑦出羽天領の代官
本間勝喜著
四六判　二四〇頁　二八〇〇円

江戸幕府の直轄領として最遠の地にあった出羽天領。ここにも名代官、不良代官、さまざまな代官がいた。彼らの事績をたどり、幕府の民衆支配の実態に迫る。

⑧長崎貿易
太田勝也著
四六判　二八八頁　三〇〇〇円

鎖国政策がしかれていた江戸時代において海外との窓口の役割をになった長崎の貿易の実態を探ることにより、江戸時代を商業政策や対外貿易政策の側面からとらえ直す。

⑨幕末農民生活誌
山本光正著
四六判　二五六頁　二八〇〇円

江戸時代から明治時代にかけて書きつがれていった、大谷村（現千葉県君津市）のある農家の「日記」をとおし、幕末の農村に暮らす人びとの信仰、旅、教育などの生活風景を描き出す。

⑩大名の財政
長谷川正次著
四六判　二八〇頁　三〇〇〇円

参勤交代による出費など、大名の財政は藩の大小を問わず厳しいものであった。本書では、信濃国高遠藩の事例を取り上げ、いかに財政難に対処したのかを検証し、大名の経済事情を明らかにする。

⑪幕府の地域支配と代官
和泉清司著
四六判　二八〇頁　三〇〇〇円

近年著しい進展をみせる代官研究の成果のうえに、幕府成立期から幕末までをとおして、全国に展開した幕領とそれを支配した代官を通覧し、近世における地方行政の全体像を構築する。

⑫天保改革と印旛沼普請
鏑木行廣著
四六判　二四〇頁　二八〇〇円

天保期の大事業、印旛沼堀割普請について書き残された日記を元に、普請に関わった役人や人夫、商売人などさまざまな階層の人びとの生活を描くことにより、当時の社会像を浮かび上がらせる。

《今後の予定》
江戸の庶民信仰と行楽（池上真由美著）／江戸の銭（吉原健一郎著）

●その他の同成社刊近世史関係書

萩の乱と長州士族の維新
―諫早伝説私注―
諸井條次著
四六判　三二〇頁　二五〇〇円

幕末動乱期から明治初期にかけての長州士族の動きと、前原一誠の「萩の乱」にいたる政治的葛藤を、長年萩の地で暮らしてきた著者が、劇作家としての冷徹な目でとらえた歴史ドキュメント。

解剖事始め
―山脇東洋の人と思想―
岡本喬著
四六判　二二四頁　一八〇〇円

日本で初めて人体解剖をおこなった古方医山脇東洋、その時代を超えた個性と行動を多面的に追求し、医学史・思想史のみならず社会史的側面においても興味ある事実を明らかにする。

那珂湊・鹿島・銚子方面の検分

〈八月二十四日〉

今日も雨天で、昼ごろより南風になり、夕飯後にやんだ。朝飯後は涼しすぎたが、八つ時ごろには暖かな方になった。夕飯後に雨はやんだが、まもなく東風になってまた降り出し、夜中も絶え間なく降った。

雨天のため、昼後から普請を休みにするようにと幕府勘定の渡辺から沙汰があり、休みにした。鳥取藩の雇い人夫の数が五一人と少ないので、こちらも休みになったのであろう。これで四日連続の雨で、普請はほとんどできない状態であった。

竹内は、元小屋に移る前に旅宿としていた高津村の多兵衛宅に一昨日の夜に強盗一〇人余が入ったと聞いた。強盗は多兵衛を縛って金銭をねだったが、村の者に取り押さえられた。首謀者の二人は帯刀で、そのほかは黒鍬人夫であった。首謀者の二人とも、あるいは一人かもしれないが、元旗本の用人であったという。五藩の普請所にはおそらく一万人ほどの人夫がいたであろうから、人夫が強盗の一味に加わったとしても考えられないことではなかった。

追加の庄内人夫に付き添って来た大庄屋の尾形八郎治と和田善内らが、病気になった三人の農民を連れて国元に帰って行った。

町奉行の鳥居は、この日は大和田宿に逗留していたが、明日から霞ヶ浦、那珂湊、鹿島、銚子方面の検分に出ることにした。その日程は、次のようであった。

二十五日　大和田から佐倉道を下り、佐倉城下の新町で昼飯とし、酒々井村を経て成田村に宿泊。
二十六日　成田村から磯部村（現成田市）を経て、滑川村（現千葉県下総町）で利根川を渡って金江津村（現茨城県河内町）に出る。それより十三間戸村（現河内町）を経て幸田村（現東町）で船に乗り、新利根川を通って潮来村に宿泊。
二十七日　潮来村から七里半の鉾田村に宿泊。
二十八日　鉾田村から大谷川筋を検分して那珂湊に宿泊。
二十九日　那珂湊から鉾田村に戻って宿泊。
三十日　鉾田村から二重作村（現茨城県大洋村）を経て大船津村に宿泊。
一日　大船津村から鹿島神宮を経て東海浦を検分し、息栖（現神栖町）で船に乗って銚子飯沼村に宿泊。
二日　銚子飯沼村から海岸沿いに菜洗浦を検分し、荒野村（現銚子市）を経て野尻村（現銚子市）に宿泊。
三日　野尻村から津宮村（現佐原市）まで船で利根川を上り、香取神宮を参詣して佐原村に宿泊。
四日　佐原村から猿山村（現下総町）、滑川村、磯部村を経て成田村に宿泊。
五日　成田村から酒々井村、佐倉新町、臼井村（現佐倉市）を経て大和田に戻る。

一〇泊一一日の日程を見ると、鳥居の検分は大谷川筋、東海浦、菜洗浦の三か所を重点としているが、これが今回の普請で重要な意味を持っている。

①大谷川筋の検分は、天明の普請の際に提出された「大矢（谷）川開鑿ノ意見」と関連していると考えられるからである。この意見書は、鹿島灘から九十九里浜にかけての沖合が季節によって難所になると指摘したうえで、難所を避けるために外海を通らず那珂湊から内陸に入り、奥州方面の物資を安全に江戸まで輸送するルートの設定を提言している。

②東海浦の検分は、天保十二年に幕府勘定の楢原謙十郎や支配勘定格の宮田管太郎らが実施した鹿島郡賀村宝殿前から深芝村に至る調査と関連していると考えられるからである。この調査は、はじめに述べたように、勘定奉行の村垣定行らが文政五年（一八二二）に提言した、浅瀬化が進んでいた利根川の通水をよくするための堀割普請計画にもとづいている。

③菜洗浦の堀割普請は実現はしなかったが、印旛沼とともに計画されて見積もりまで出されているので、確認の意味があったと考えられるからである。

これら三か所の検分で、鳥居が最も注目していたのは①の大谷川筋であったらしい。八月二十五日、九月二十七日、閏九月九日の記事を参照すればわかるが、印旛沼堀割普請が進められる中で大谷川の堀割普請が浮上してきたようである。大谷川を利用すれば、東北地方からの物資は、那珂川河口の那珂湊から涸沼に入り、大谷川の堀割を通じて北浦、利根川、印旛沼と経由し、海上の難所を通らずに安全に江戸に運ぶことができる。それに万が一外国によって江戸湾が封鎖されたとしても、物資の輸送ルートが確保できるので、これこそ老中の水野が意図していたものであり、印旛沼堀割普請の目的の本質を示しているといえるだろう。

〈八月二十五日〉

思いのほか晴れ上がり、上天気となった。朝はやっぱり東風で、四つ時過ぎより西南の風に変わった。雲も追々出るが照りがちで、夜中は一面曇りであった。

竹内は昼過ぎより普請所に出た。弁天のところには水車が設けられていて、この日から夜中も休まず水替えに取り掛かった。連日の雨で、普請所は泥沼のような様相を呈していたから、とにかく水を抜かなくてはならなかった。

この日、幕府代官の勝田が弁天小屋に立ち寄り、しばらく休んだ。

秋月藩では、総奉行を勤めている家老の吉田縫殿助が検分のため七つ半時に着いた。

明け六つ半時、与力の中田、佐久間、同心の小倉、加藤、小林、それに江戸堀江町名主の熊井理左衛門、長谷川町名主の鈴木市郎右衛門の見送りを受けて、町奉行の鳥居が大和田宿を出立した。鳥居には与力の原、同心の大沢、五島、植木、深川中島町名主の久右衛門が付き添ったが、勘定方からは勘定組頭の金田と普請役の川島が加わった（竹内はこの鳥居の検分について堀割の趣向のために大谷川の検分に出かけたと聞いたと記している）。

同心の加藤は、鳥居から勘定奉行の井上備前守栄信などへ書状を届けるように命じられ、江戸に帰ることになった。夕七つ時に萱田村の旅宿を出立し、暮れ六つ時に船橋に着いた。

〈八月二十六日〉

夜前より雨が降り出し、今朝は微雨になっていた。しだいに涼しくなって、朝飯後など袷では涼しすぎるくらいであった。朝飯後はさほど降らなかったが、夕方より本格的になり、八つ時の休みに人夫をすぐに休ませるようにと幕府勘定の渡辺から沙汰があった。暮れ前から雨がやみ、風も静かとなり、今朝よりも暖かかった。

勘定奉行の梶野は野馬越小屋で昼飯を食べ、沼津藩の持場に向かった。元小屋への立ち寄りはなかった。この日、「堀床がまた一〇間になるかもしれない、水野様から何か指図があったようだ」と幕府勘定の渡辺が密かに漏らした。これを聞いた竹内は、また仕様替えになるとすれば「何とも当惑の次第」と戸惑いを隠せなかった。その後、利根川を往来する高瀬船の寸法を調べるように渡辺から沙汰があった。堀床七間で高瀬船の通船が可能かどうかを確かめるためであった。

昼過ぎ、百川屋茂左衛門から、横戸村の弁天の縁日ということで、庄内人夫や百川屋雇いの人夫三〇〇〇人余に一人一合の赤飯が差し入れられた。その赤飯には油揚げ一切れ、花こんにゃく二切れ、切りするめ少々の煮付けが付いていた。弁天では、祈祷や神楽が催された。

夜四つ時ごろ江戸から飛脚が着き、竹内をはじめとする掛り役人や庄内人夫に下された羽黒山、金峰山、鳥海山、月山の四山祈祷のお守り札が届いた。

同心の加藤は、明け六つ時に船橋を出立し、千住の亀屋で昼飯にしてから江戸に入り、夕八つ半時に役所に寄って七つ時過ぎに自宅に帰った（加藤は再び普請所に向かう九月四日まで江戸にいて御用を勤めているので、この間の普請所の記録はない)。

〈八月二十七日〉

今朝も雨天で、東風が吹いてかなり寒かった。昼ごろより雨がやみ、追々晴れ上がってよい天気になったが、風はやっぱり東風であった。夜中は星が出なかった。

竹内は夕飯後に普請所を回り、鳥取藩との境では七九郎の手の者が一昨日ごろから取り掛かった回し掘りを検分した。この日は終日袷で、朝飯後に綿入れ羽織を着たが、普請所を回った際は単物であった。

昨夜届いた庄内四山祈祷のお守り札は掛りの家臣や庄内人夫に渡し、板札の四枚は玄関に打たせた。

高瀬船を調べに行った者から、大きな船は長さ九丈(二七メートル余)・幅三丈(九メートル余)と報告があった。これを幕府勘定の渡辺に伝えたところ、どこで調べたのか堀床七間でも高瀬船の通船には支障がないと聞いていると語った。

竹内は、「九丈に三丈といえば一五間に五間のことであり、それならば堀床一〇間でも通船はできないのではないか。それとも小さい船もあるのだろうか。一向に解しかねる」と疑問を感じた。そこで、昨夜、渡辺が勘定奉行の梶野と勘定吟味役の篠田とともに大和田宿に泊まっていたことから、その際に評議があったのであろうと推測した。

先日、老中の水野に差し出した堀床七間・法一割の見積書について、これは古堀筋を基礎にしたものか、あるいは最初のとおり場所によって古堀筋を離れる所もあるのかと確認の問い合わせがあった。

この日、庄内藩の人夫は五〇〇〇人を突破し、庄内人夫一〇六七人、百川屋雇い人夫と新兵衛・七九郎雇い人夫で三九九五人の合わせて五〇六二人であった。三〇〇〇人を超えたのが十五日、四〇〇〇人を超えたのが十九日のことなので、一〇日余の間に二〇〇〇人も増えるという大変な状況になっていた。

〈八月二十八日〉

朝より曇りで、東風がかなり強かった。総じて難しい天気に見えたが、みごとに雨は降らなかった。夜も厚い曇りであった。

竹内は、朝のうち袷を着ていたが、朝飯過ぎに綿入れを着てからは終日そのままとなった。

昨夜、留守居中役の富樫泰助が着き、御用状が届いた。江戸屋敷より、普請所の在留が長くなるし、町奉行の鳥居の検分が終われば普請のことも決まるであろうから、鳥居が江戸に帰るのを見計らって竹内もひとまず帰るようにという指示があった。そこで竹内は夕方に返書をしたため、明日江戸に遣わしたいと徒目付から申し出があった足軽目付に預けた。そのため普請所の見回りには出なかった。

庄内藩の持場を担当していた幕府徒目付の行方源兵衛から、堀床七間に四尺の水高で高瀬船の通船が可能か、また印旛沼に高瀬船が入れるのか利根川辺りで調べるように話があった。これを聞いた竹内は、「扨々キロ々々致候問合なりと笑申候」とくるくると変わる幕府の対応をあざ笑った。

場所奉行の辻は、このころ少々の腹痛と下痢に悩まされていて普請所には姿を見せなかった。

庄内藩の人夫は前日に五〇〇〇人を超えたばかりあったが、この日は庄内人夫一〇六四人、百川屋雇い人夫四三四〇人五分、新兵衛・七九郎雇い人夫五九八人の合わせて六〇〇二人五分で、一日で一気に六〇〇〇人となった。

〈八月二十九日〉

終日曇りで、東風が朝から強くて、きわめて寒い天気であった。夜中には風がやんだ。

竹内は終日綿入れを着ていた。夕方の普請所の見回りには袷を着たが、汗にはならないため麻襦袢は着なかった。普請所の小屋などで休むと、寒すぎるくらいであった。

普請所の見回りでは、七九郎の手の者がしていた回し掘りに興味を覚え、「至て面白仕方也」と日記に記した。この回し掘りによって、これまで田のようになっていた水気のあったところがすっかりなくなり、掘りやすくなった。弁天の方は、この日から水底の掘り立てに取り掛かった。

この日、勘定奉行の梶野が六つ半時（午前七時）に大和田を出て庄内藩の持場から鳥取藩の持場へ通ったが、元小屋へは立ち寄らなかった。幕府勘定の渡辺から「秋月藩の持場は来月の十五日までにすべて完成する見込みとなったので、出来栄えの検分が終われば江戸に引き揚げることになろう」と話があった。

〈八月三十日〉

今日も終日曇ったが、昨日よりは薄曇りで薄日も出た。五つ時ごろより東風が強くなり、昨日よりは暖気の方であったが、夕方の普請所の見回りに袷を着ても汗にもならず、寒いこともなかった。暮れ過ぎより風が静かになったが、難しい天気であった。

夕方、江戸からの飛脚が着き、堀床七間・法一割の見積書は老中の水野に届け済みであることと、目付の加藤九助が養生のかいもなく病死したことを知らせてよこした。

病死した加藤は今月の十七日の夜から痢病になり、養生のため十九日に元小屋を出て江戸に帰っていた。まだ二八歳であった。これを聞いた竹内は、「さてさて無残なることをいたした」と加藤の病死を悼んだ。庄内藩にとって、十一日に病死した代官の矢島逸策に次いで二人目の犠牲者となった。

こうした不幸があったためか、藩主から痢病にならない名薬という丸薬が届いた。しかし、一か月以上にわたる普請所での生活は、簡易な住居、気候の移り変わり、体の疲れなどいろいろな要素が重なり合って、病気になる家臣が増えていた。

取次兼代官加役の石原斎宮もその一人であった。石原を看た医師から随分心もとない状態になっていると報告があり、江戸で治療したいかを尋ねたところ、それよりも倅を看病に呼び寄せたいという答えであった。そこで竹内はそのとおりにしてあげたいと、江戸屋敷から国元へ伝えるように指示した。

代官の加藤理兵衛の父親が十三日に病死したと知らせがあり、忌中届が出されたが、明日から出勤するように達した。加藤は、七月十一日立の庄内人夫に付き添って国元を出て、二十三日に着いて勤めていた。竹内は、「父親が亡くなったというのに早出勤で気の毒ではあるが、詰め切りの人なので仕方がないことだ」と自分に言い聞かせた。

この日、庄内藩の人夫は、庄内人夫一〇三二人、百川屋雇い人夫、新兵衛・七九郎雇い人夫五三〇八人の合わせて六三四〇人で、これまでの最高になった。以降九月下旬までは三千〜四千人台で推移する。

このころ、沼津藩の持場内に位置する麦丸村（現八千代市）には、大勢の現地雇い人夫が農民の家に泊まっていた。村では、一日の普請を終えた人夫が村内をうろつくと、大勢なだけに喧嘩や口論が起こるのではないかと心配であった。そこで人夫宿をしていた二〇人と村役人が、小樽に酒を買い置いて酒好きの者に少々ずつ飲ませれば外に出歩くことはなくなるので聞き届けてほしいと幕府代官の勝田に願い出た。

この麦丸村では、村内からも七月段階で七人が雇い人夫として普請に出ていた。

江戸では、幕府目付の榊原主計頭忠義が印旛沼堀割普請の御用を命じられた。

第四章　九月・普請の縮小と人夫の死

一　普請の縮小

庄内人夫、最初の犠牲者

〈九月一日〉

今暁より雨で、朝もしきりに降った。朝飯過ぎよりは微雨で、折々晴れた。寒い方であったが、夕方より追々暖気になった。暮れ過ぎも音のしない微雨であった。

雨天のため人夫を休ませるように、幕府勘定の渡辺から沙汰があった。

この日、庄内人夫一四三三人に二八貫六六〇匁（一人につき二〇匁）の鯨が下された。櫛引通では一六

○人に三貫二〇〇匁の鯨が下されたが、ほかに病人の一九人には鯵一三三匹（一人につき七匹）が大庄屋から渡された。

〈九月二日〉

今暁より蒸し暑く、朝など「ほやほや」して大曇りであった。雨は降らず、西南の風がかなり吹いた。朝飯後より追々よい天気になったが、八つ時過ぎより追々雲が出て、七つ時過ぎから夜中にかけて曇った。竹内は、朝は袷を着ていたが、昼過ぎに単物に着替え、普請所の見回りには麻襦袢に帷子を着た。日差しのあるところでは暑いくらいの汗ばむ陽気であった。普請所を見回っていると、潮風で着衣をはじめ手などが湿っぽくねばねばとなり、七つ半時過ぎに帰って行水し、袷に着替えた。とにかく居小屋の障子を開けるほど、このころにはない蒸し暑さであった。夜中は綿入れを着て掻巻を用いた。

この日から百川屋雇い人夫は、伊右衛門や武八らの指図で働くことになった。これまでの岩次郎や鉄右衛門らがもっての外の不埒であったというのが理由であった。

どういう不埒であったのかはわからないが、人夫の世話役の中に鉄右衛門の名前を確認できるので、こうした世話役という立場の者に何か不正があったのであろう。

これと関係があるのか、元小屋内の百川屋雇い人夫の居住区との境にある木戸番所に足軽を昼夜二人ずつ置き、百川屋茂左衛門と世話役に限って往来を許し、そのほか庄内人夫や雇い人夫は出入りさせないようにした。非常の際も役人の指図がなければ出入りさせないようにした。西の木戸は昼間に足軽を置いていたが、これを引き揚げて昼夜とも締め切りとした。

勘定奉行の梶野がこの日も見回りに来て、沼津藩の方へちょっと行って引き返した。勘定吟味役の篠田も同様であった。その篠田から、これまでにできた分の費用を書き上げるように達しがあった。

幕府勘定の渡辺が、「堀床がまた一〇間になる模様で、その分は幕府の費用になるだろうが、すでに掘っている所はお手伝い方の人夫になるので出来上がりに手間取るだろうから何とも困ったことで、それだけ失費もかさむであろう」と密かに語った。それを聞いた竹内は、そのような沙汰になれば、人夫が大いに嫌がるだろうから、すべて当惑であると嘆いた。


――渡辺の話はちょっと解釈しにくいが、堀床が再び一〇間に戻れば人夫の負担が重くなるのは確かであった。


〈九月三日〉

朝より東風で、一円曇りであった。五つ時（午前八時）過ぎから雨になり、時折かなり降ったが晴れ間もあった。夕方からは降らない方で、追々涼しくなった。

竹内は、終日袷を着ていた。八つ時ごろからの普請所の見回りは暑いので帷子にしたが、一休みしている時は涼しすぎるくらいであった。

鳥取藩の境の回し掘りが埋まり、古堀の水が溢れて埒が明かず、この日からその東側の方へ回し掘りを設けたが、化灯土のために早くもめり込んでいると聞いた。化灯土というのはとにかく厄介な土であった。

江戸から飛脚が着き、加藤九助が病死したのでだれを目付にしたらよいか、幕府に届けなければならない役なので伺うように両殿より話があったと知らせてきた。そこで竹内は、目付を兼ねさせていた郡奉行の山岸に仰せ付けるようにと書状をしたためて、明日交代のために江戸に帰る留守居の大山に手渡した。それと、病気の石原斎宮はすぐには出勤できない状態なので、代わりの取次兼代官加役を一人遣わすように依頼した。

大山と交代する留守居の矢口は翌日にも普請所にまかり越すべきところであるが、矢口の方に御用筋があるのでこちらに差し支えがなければ、翌日に御用の申し送りをして翌々日に延ばすことにしたいと大山から申し出があった。竹内は、別に差し支えがないので、そのとおりにするように申し付けた。

この日、庄内人夫として普請所に来ていた下江地村（現山形県遊佐町）の松右衛門が病死した。六〇歳であった。松右衛門は、七月二十八日に国元を出立して八月十二日に普請所に着いた追加の庄内人夫で、二十七日から臥せっていた。一緒に普請所に来ていた弟の藤七、それに親類の四人に内意を尋ねると、火葬にして遺骨は国元に帰る際に持参したいということであった。

葬礼は、翌四日に横戸村の真言宗明星寺の引導によって営まれた。火葬には、松板二枚、四寸釘一〇〇本、角物一丁、竹三本、薪大小一五束、藁一〇〇把、薄縁一枚、藁むしろ一枚、縄二把が用意された。この葬礼の費用として、買い物代銭一六三〇文、布施金一分、火葬謝礼金一分、初七日より四十九日までの供養料金二朱、横戸村の村役人へ酒代二朱が掛かったが、これらはすべて藩が負担した。松右衛門は庄内人夫の最初の犠牲者で、以後の火葬はこの例にならった。

昨夜、元小屋の中で、雇い人夫と大山が使っている中間との間で喧嘩があった。竹内は、後々のこともあるので、喧嘩の顛末を調べるように徒目付に指示した。

もっての外の天気

〈九月四日〉

今暁七つ時（午前四時）ごろより南風が激しく吹き付け、朝に至ってますます烈風が恐ろしくなった。朝は曇っていたが、雲脚が速く、晴天になった。四つ半時（午前十一時）ごろより烈風が間違いだったようにおさまり、昼ごろより追々ゆるんで八つ時ごろには大いに静かになった。七つ半時ごろはいよいよ弱く、雲も追々出て厚くなり、その後少々雨が落ちたが、風がやまないためか降りかねた。五つ半時ごろより雨になった。

朝から蒸し暑かったので竹内は昼ごろより単物にしたが、暮れになっても涼しくならなかった。夜中は綿入れを着て掻巻を纏った。雨が降り出した五つ半時ごろより東風に変わって涼しくなり、夜具を用いた。

この日の烈風で、元小屋の小屋はミシミシと大きな音を立てて揺れ、門内に立てて置いた幟などは折れそうだったので取り払った。普請所では所々に設けていた休息小屋が損傷した。

竹内はこの烈風のため普請所の見回りには出ず、普請の方は昼から休みとなった。竹内は「もっての外の天気なり」と御用留に記した。あいにくの天気にもかかわらず、留守居の大山は六つ半時（午前七時）ごろ江戸へ向けて出立した。

夜中の九つ半時（午前一時）ごろに大きな地震があり、竹内は目が覚めた。造作が簡易なせいか、小屋はかなり揺れた。

人夫雇い方引受人の七九郎から、「野馬越より掘って柏井の回し掘りに水を流さなければ化灯土を掘ることができない」と申し出があった。回し掘りの場所が化灯土に苦しめられていたので、上流になる野馬越の方を先に掘り、出た水を鳥取藩の方へ流し、その水の勢いで掘り流すように考えたらしい。そこで、明日より野馬越の掘り立てに取り掛かることになった。

白山林村（現鶴岡市）の甚五兵衛が病死した。五〇歳であった（『続保定記』では市郎兵衛となっている）。甚五兵衛は前日に病死した松右衛門とともに火葬にされたが、竹内は「さてさて不憫なることなり」と哀れんだ

京田通では、病人の数を八月二十日から痢病になっている阿部興屋村（現鶴岡市）の定助（四一歳）をはじめ一五人と届け出た。病名は痢病、足痛、癪病などで、そのうち痢病が半数以上を占めている。

庄内人夫一四三一人に、棒鱈二四貫三二七匁（一人につき一七匁）と鯡四二九三本（一人につき三本）が下された。

江戸に帰っていた同心の加藤は再び普請所に向かうことになり、小網町より行徳船で小名木川を通って行徳に行くつもりで昨日先触を出した。しかし、夜になって大風で船が出せないと小網町より知らせがあったので、急いで先触を千住宿に出した。ちょっとしたアクシデントがあったが、暁七つ半時に出立し、途中昼飯のために新宿の中川屋に立ち寄り、萱田村の旅宿には夕七つ半時に着いた。

出立に先立って、加藤は奉行所から八月分の手先などへの手当として金一一両一分、銀六匁を受け取った。その明細は次のようであった。

一、金八両二分　　七月二十六日より八月三十日まで三四日分
　　　　　　　　一日一人銀五匁ずつ三人分　　雑用、手当とも
一、金二両一分　　これは所案内の者への手当
一、銀三六匁　　　これは名主熊井理左衛門ほか五人の旅籠代

そして、同心の小倉、小林、加藤の三人は、今月分の手当、宿代として金五両二分ずつ受け取った。

〈九月五日〉

今暁より微雨で、東風が吹いて涼しかった。その後も時折微雨があったが、晴れ間がちの天気になった。竹内は朝より綿入れを着て、朝飯後には綿入れ羽織を重ねた。夕方に普請所を見回った際は袷に羽織を着たが、風のため寒い方であった。帰ってからは綿入れ羽織を着て、夜中は綿入れに夜具を用いた。宵のうちはその上に掻巻を重ねた。

人夫雇い方引受人の七九郎から「昨日の大風で秋月藩の持場は江戸湾から高波が流れ込み大きな被害を受けたようだ」と話があった（持場が大破しただけでなく高波で三人の人夫が死亡したという記録もある）。勘定奉行の梶野が昼飯のために野馬越小屋に立ち寄り、その後沼津藩の持場の方にちょっと行ったが、やがて川下の方へ戻った。

朝の段階では元小屋に立ち寄るということになっていたのが、急に取りやめとなったのである。こうした突然の予定変更はよくあったから、庄内藩だけでなくほかの藩の総奉行や副奉行もさぞかしやきもきしたにちがいない。

竹内は、幕府の普請御用掛りの目付が戸田一人であったところへ、今度榊原忠義が仰せ付けられて両人となり、その榊原が七日ごろに普請所に来ると聞いた。

この日、明日大和田村に戻るという町奉行の鳥居の直状と与力の原よりの書状が与力の中田と佐久間のもとに届いた。

昨日、秋月藩の持場で死人があった。金銭を盗んで逃げたところを打ち殺されたという風聞があり、同心の加藤は手先を探索に遣わした。それと人夫たちが野田や宿泊している農民の家で博奕をしているという風聞についても探索するように命じた。

たしかに、秋月藩の持場では海上郡小川戸村（現銚子市）の幸吉が昼ごろに堀割に転落して水死する事故が起きているが、これと風聞が関連するかどうかはわからない。幸吉は酔っているように見えたという。

この日、一緒に働きに来ていた兄の茂八が幸吉の死骸を引き取り、国元で葬式をするので、今後一切迷惑はかけないと人夫世話人に一札を差し出した。

〈九月六日〉

今暁より雨で、終日晴れ間なく降った。かなりの雨であった。北風は朝飯後は弱かったが、夕方より時折かなり吹き出し、暮れ前よりしきりとなった。

今日も寒く、綿入れに綿入れ羽織を着た。明け方に弱い地震があったということだが、夢のような記憶であった。夜中は綿入れに夜具を掛けた。

雨天のため四つ時（午前十時）から人夫を引き揚げ、普請は休みとなった。

庄内藩を担当していた幕府小人目付の小島東作が痢病となったが、医師の鳥海良琢が与えた薬で全快した。その小島が昨日挨拶のため一分金を持参したが、薬種は残らず一同を療治するように藩から渡されているものであって、医師たちのものではないから、そのような心遣いには及ばないと小島に話して鳥海より返させることにした。

竹内は、町奉行の鳥居が大谷川の検分から戻ったと聞いた。与力より呼び出しがあり、普請に役立つことがあれば勘定方へ少しも斟酌しないで申し出るようにと達しがあった。

この日、鳥居は酒々井村を出立して印旛沼口の平戸村から大和田村近辺まで普請所を検分する予定となっていた。そこで平戸橋まで与力の中田、佐久間、同心の加藤が出迎えに出たところ、大雨のために検分は延期となり、直ちに大和田村名主の小十郎方の旅宿に向かった。鳥居に付き添っていた勘定組頭の金田故三郎、普請役の川島太郎市、代官勝田次郎手代の吉田来助も一緒に大和田に戻った。八月二十四日の日程からすると、一日遅れであった。

水運にこだわった老中水野

〈九月七日〉

今朝にわかに晴れ上がり、上天気であった。風は昨日と同様に北風で、あまり涼しくなく、綿入れを着ていても、窓などは開け放った。夕方になって追々雲が出て曇りがちとなった。

竹内は夕方に普請所を見回ったが、その際は袷に単物の羽織にした。夜中は綿入れを着て夜具を纏った。かなり暖気の夜で、四つ時（午後十時）ごろに弱い地震があった。

留守居の矢口が朝飯後に着いた。矢口は昨日江戸を出立したが、あいにくの大雨で道が悪く、遅くなってしまったため船橋に一泊したのだった。

平形村（現山形県藤島町）の九左衛門という者から、道中より目が内障になってとても用が立たず、江戸に親類が出て来ているので、一旦そちらに行ってから庄内に帰って養生したいと願い出があった。また国元の代官から、堤野村（現山形県三川町）の寅吉という者の兄が病死して相続のことなどがあるので帰してほしいと普請所詰めの代官に申し入れがあった。いずれもやむをえない事情として認めた。

六〜七日以前に町奉行鳥居の与力より箇条書でいろいろ取り調べるように達しがあり、この日「印旛沼古堀筋御普請御手伝場所大凡入用積書」と表題を付けて差し出した。その内容の概略はだいたい次のようなものであった。

一、最初の堀床一〇間の見積もり

①掘り方水替え縄莚そのほか諸道具とも一式の費用は金一一万七〇五〇両ほどで、うち七月二十三日の鍬入れより八月十九日までの費用は金五二八六両ほど。

②小屋場、見張り番小屋の普請費用は金二八二六両三分。

一、堀床七間に縮小した見積もり

①持場一一九六間、土坪七万五六九九坪七合、費用金三万八一二六両二分ほど。

内訳　土坪五万九七三九坪七合　　堀割分

費用金三万三五一三両三分余　　平均一坪につき銀三三匁六分六厘

土坪一万五九六〇坪　　両岸切り上げ分

費用金四六一二両三分ほど　　平均一坪につき銀一七匁三分四厘

②関板柵そのほか諸品物代の費用金二五六二両ほど。

③諸道具水替え人夫の費用金五四三八両ほど。

④土質が悪く掘り方が見極めかねる場所の臨時費用金四一三九両一分ほど。うち金三九三九両一分は今回の見積もり増。これは、七三番杭から七六番杭二二間半境杭まで長さ二二四間、土坪一万一九一一坪六合ほどの場所を試掘したところ、化灯土が出たため、当初の見込みよりも増すことになった。

①〜④の費用は、金五万二六五両三分。

一、七月二十三日より八月三十日までの両岸の切り上げはおよそ七分くらいの出来である。ただし、堀割に取り掛かってはいるがわずかで、まだ何分くらいできたとは言えない。

一、七月中より八月三十日までの家来の賄い費用は、金一九八〇両ほど。

堀床七間に縮小した見積もりは、堀床一〇間のそれと比べて半分以下の費用となっている。ただ、化灯土が出ている場所の状況によっては費用が膨らむ可能性が残っているのが不安材料であった。

この見積書の内容について、昨日、与力・同心からいくつかの問い合わせがあった。そのうちの二つは次のようであった。

一つは普請の現状について。

問　全体で七分できたということか。但し書きがあって合わないのでもう一度調べて差し出すように。

答　高台の切り上げ部分が七分できたということで、川となる堀割部分は取り掛かったばかりなので何分くらいできたかは言えず、全体とすればおよそ一分半と存ずる。

もう一つは、普請の完成時期について。

問　普請の完成は何月ごろの見込みか。

答　この方の持場はほか様とは違って高台で、まだ高台の両岸の切り上げができていない。また水面より下の掘り方に少し取り掛かっているが、堀床までは三丈余あり、それに化灯土の場所があって湧水の模様がわからない。これらのことから、今はいつ完成するかは申し上げにくい。一〇か月と仰せ渡されているので、その心得で最前から精一杯努力しており、水面より下が過半できたところで見込みを申し上げたい。

この日、鳥居は、昼九つ時に旅宿を出て、沼津藩の持場内の大和田橋より平戸橋・印旛沼口まで見回り、夕七つ時過ぎに戻った。

同心の五島、堀江町名主の熊井理左衛門が江戸に帰った。

幕府の普請御用掛りとなった目付の榊原が、今朝江戸を出立して夕七つ時ごろに大和田村に着いた。榊原は、普請について鳥居と十分に評議を重ねて取り計らうようにと老中の水野に命じられていた。

水野から鳥居宛に以下のような内容の書状が届いた（『蠹余一得』所載）。

一、書面によれば、川幅を縮小しても最初の見積もりよりはお手伝い方の費用が増すので、いずれは何とかしなければならないが、まずはそのままにして江戸に帰って相談してからにしたい。

一、お手伝い方の出金高が予想よりも相当の増し方になるようで、その方の川幅の縮小や出金高を減らす取り調べは格別の骨折りである。しかし高台の場所は土質が堅いので、この後に水勢で押し広げるのは難しい。この度の取り調べでは、堀床七間に縮小すべきとのことである。それだと田船の通行には問題ないが、高瀬船のすれ違いには差し支えるので、通船によって諸物資を運送する水路を開くという本来の趣意に相違する。通水だけでは失態となり、後に非難が起こるのは必至である。再び普請をするのは容易ではないから、高台の場所だけはやっぱり堀床一〇間にし、そのほかは見込みのとおり堀床七間で取り計らうように。

文中の「最初の見積もり」とは幕府のものを指している考えられるが、水野も五藩の負担が大きくなっていることは気になっているようである。水運については、あくまで高瀬船のすれ違いにこだわっている。堀床を縮小しても船の通行は可能であるのに、あえて失態になると言っている背景には対外的危機感があったからにほかならない。江戸湾が封鎖された場合に備えて、大量の物資が輸送できる代替ルートを確保したいという強い決意のあらわれであった。

〈九月八日〉

終日曇りがちの天気でうっとうしかった。今日も東風で、朝飯後涼しくなり、夕八つ半時ごろまたもやもやし、窓を開けた。夜中も食後少々窓を開けた。

竹内は、町奉行の鳥居と目付の榊原が大和田村より検見川村まで検分し、帰りに元小屋に立ち寄ると聞いたので、見回りには出なかった。

七つ時ごろに榊原が立ち寄ったので、竹内は副奉行の都筑とともに会って、「秋冷の節ますますご勇健になられ、今般のご出役ご苦労に存ずる」と申し述べた。それに対して榊原は、「普請も大分出来よろしく」とか「なお念を入れ」と言って、程なくして戻った。送迎はしなかった。

鳥居の立ち寄りはなく、庄内藩の持場を通って大和田に戻った。勘定奉行の梶野は花島村より馬加村に戻ったので、庄内藩の持場には来なかった。

幕府勘定の渡辺から、ほかの四藩の持場は堀床七間になるが、庄内藩の持場だけは高台の場所は堀床一〇間・法一割五分で、鳥取藩との境は堀床七〜八間・法二割になるようだと話があった。そこで留守居の矢口がそれは達しがあるのかを尋ねると、鳥居か梶野からあると答えた。これを聞いた竹内は、「誠に迷惑至極」で、困ったことだと嘆いた。

この前、勘定吟味役の篠田から指示があった人夫賃金調べを差し出した。七月二十三日より八月三十日までの人夫賃金の払い高が金六二〇〇両。これは、両岸の切り上げが坪平均一坪につき銀一七匁三分四厘の見積もりになっていたが、仕様替えで出来坪の明細がまだ調べられないので、内渡しの金高を書き上げていた。ほかに国元からの人夫延べ二万三七二〇人の費用がおよそ金一八八一両三分。これは、国元を出立してからの旅籠代、場所での賄い、そのほかの費用や諸品渡しであった。賃金は、道中日数、病人休日を勘案して追々渡すことになっていた。

今朝、長沼村（現藤島町）の寅吉が病死したと場所奉行の辻から申し出があった。寅吉は昨日の暮れ六つ時に病死したもので、二七歳であった。

このころの竹内は、右の耳が何となく塞がったようで遠く、水でも入った心持ちになっていた。夜中は綿入れを着て、夜具を纏った。

庄内人夫は農民であったから、中旬から稲の刈り入れを迎える国元のことが心配になっていた。小屋で休んでいる時も、また普請に出ている時も、頭の中には黄金色に色づいた庄内平野の情景が浮かんでいたのであろう。そこで、普請がまだ完成していなくて恐れ多いけれども、帰国できるようにしてほしいと大庄屋に内願した。

同心の加藤は調書を書き上げるために旅宿にいて、鳥居と榊原の検分には与力の佐久間と同心の植木が付き添った。検分の途中で、鳥居と榊原は天戸村で梶野と篠田に会った。

この日、武蔵国葛西領砂村新田（現江東区）の林蔵を盗みの容疑で取り調べた。林蔵は、千葉郡五日市場村の長右衛門方に泊まって沼津藩の持場で働いていた人夫で、同じ家に泊まって人夫をしていた又七から木綿の腹掛けと銭六〇〇文を盗んで逃げた。しかし臼井村辺りで佐倉の目明定吉に取り押さえられ、萱田村の旅宿に連れて来られたのである。取り調べで、林蔵は盗んだことを自供し、呼び出された長右衛門と又七は間違いないと申し立てた。

同心の加藤は長右衛門の居住地を千葉郡五日市場村と書いているが、堀割周辺には五日市場村という村はないので、沼津藩の持場ということを考えれば、印旛郡下市場村（現八千代市）の誤りではないかと思われる。この普請では、大勢の現地雇い人夫が堀割周辺の農家に泊まって働いており、しかも一軒に複数の者が泊まっていた。堀割周辺の農民にとって、印旛沼堀割普請という大プロジェクトはまさに現金を稼ぐ絶好の機会であった。人夫は方々から集まっているので、こうした出来事が起きてもおかしくはなかった。

過日、大谷川などの検分に出ていた鳥居が酒々井村に泊まった際、八州取締出役の手先をしていた布佐村（現我孫子市）の万年屋市兵衛こと入墨正三郎にいろいろ不正があるという内容の張訴があった。これについて風聞調べをするように与力の佐久間から指示があり、手先の政吉と弥兵衛に探索を申し付け、路用として両人へ金一分を渡した。

同心の小倉と小林に江戸に帰るように沙汰があり、今朝出立した。

御用状を出しておいた江戸新材木町名主の石塚三九郎と加賀町名主の平四郎が普請所に着いた。

〈九月九日（重陽の節句）〉

今朝は霧のような雨で、五つ半時（午前九時）ごろより追々よい天気になった。

竹内は、朝から袷を着ていた。風は西南で、かなり暑かったので昼ごろより単物にした。夕方の見回りでは麻襦袢、帷子にしたが汗ばんだ。暮れ前に帰り、単物を着た。そのころより風がやみ、随分よい夜となった。夜中は綿入れを着て、掻巻を用いた。四つ時にハラハラと雨があったが、まもなくやんだ。

幕府目付の榊原から大和田の旅宿に呼び出され、留守居の矢口がまかり出ると、町奉行の鳥居、勘定奉行の梶野、勘定吟味役の篠田、それに勘定組頭の白石と金田が列座する中で、老中の水野の通達が伝えられた。その内容は、次のようであった。

お手伝い方家臣をはじめ人夫にいたるまで難儀しないように思慮しなければならない。万一、人夫のうちに怪我人あるいは死人が出た場合に手当てをしているか。また、近辺の田畑などを荒らすようなことはあってはならず、もしあればはなはだよくないので、しっかりと心得るように。

終わって、庄内藩と秋月藩の留守居が呼び出され、榊原から格別の精励によって普請の進捗が一段であると褒められた。そのうえで、さらに精励して成功させるように厚く心得ること、という水野からの言葉が伝えられた。竹内は、「恐悦」と日記に書いた。

この日の朝、場所奉行の辻から、黒川村（現山形県櫛引町）の彦作が昨日の暮れ六つ時に病死したと報告があった。六〇歳であった。

秋月藩では、副奉行の梶原廉右衛門が痢病のため江戸に帰った。

鳥居は、榊原を同道して沼津藩の持場内の大和田橋より平戸村の印旛沼口を船で検分した。与力の三人、同心の大沢と植木、それに新材木町名主の三九郎と加賀町名主の平四郎が付き添った。途中で、鳥居は江戸から来た白山前町名主の房次郎に会い、また篠田にも会った。暮れ六つ時ごろより、大和田の榊原の旅宿に鳥居、梶野、篠田、白石、金田が集まって寄合を開いた。

新両替町名主の佐兵衛と深川中島町名主の久右衛門が江戸に帰り、手先の政吉と弥兵衛が布佐村の入墨正三郎不正の風聞探索から戻った。
同心の加藤は、盗みの罪で捕らえた林蔵を江戸に送る手配をした。山駕籠代の銭三七六文は立て替えた。

〈九月十日〉

今暁まで時折雨が降っていたが、朝にはよい天気となった。風は南風あるいは西風といろいろ変わり、かなり強かった。朝飯後になってまた雲が出て、八つ時ごろまで両三度降るがすぐに晴れた。八つ時後は降らず、夜中も雲があった。日月は時折照らした。

朝から暑い方だったので、竹内は小屋を開け放って袷を着た。普請所の見回りの際は、麻襦袢、帷子、単羽織で出た。風があって汗になるほどではなかったが、野馬越下に行かなかったせいでもあった。

昨日、目付の榊原の旅宿で伝えられた老中の水野からの通達について、諸事心得のため諸役人や村役人を集めて、ますます精励するようにと副奉行の都筑から申し渡した。

幕府普請役の篠崎藤右衛門から、明日は町奉行の鳥居が、明後日には榊原が江戸に帰ると話があった。

今朝、鳥居の与力から呼び出しがあり、留守居の矢口が勘定組頭の林と一緒にまかり出た。その席で、元小屋の普請をはじめ庄内人夫そのほか諸役人の賄い費用など十一月晦日までの総費用の見積もり、それと堀床一〇間・法一割半と堀床一〇間・法一割の見積もりを明日の夕方までに差し出すようにと達しがあった。そのうえで、「この度のお手伝い普請は莫大な負担増となり、お下げ金でもなくては立ち行かないだろうから、そのことを鳥居は江戸に帰って水野様に申し上げる心得でいるが、ただ『莫大』と言っても済むことではないので、総費用の見積もりを差し出すようにと達したのである」と内々に打ち明けられた。

矢口は、堀床一〇間・法一割半の見積もりについてはこれまでないので、堀床の杭もなくてどこが堀割の中央になるかもわからず、坪数を調べようもないと述べた。しかし与力がどうでも強いて差し出すようにと言うので、それならばこの方の目で見て坪数を調べて差し出すが、その後の勘定方の杭打ちによって両岸の切り上げの坪数が増すこともあり、その旨を記しておきたいと述べて帰った。

この日は、庄内藩だけではなく、ほかの四藩も呼び出されて十一月晦日までの総費用の見積もりを差し出すように達しを受けている。これは鳥居の旅宿に届いた水野からの書状によるものであった。

与力の中田、佐久間、同心の加藤は、鳥居の旅宿に届いた水野の書状にもとづいて沼津藩の持場の大和田橋から庄内藩の高台にかけて検分をした。検分には勘定吟味役の篠田と勘定吟味方改役の笹本が立ち会い、その後篠田が堀割について鳥居と話し合った。

水野の書状というのは九月七日の書状のことで、水野は堀割の縮小問題で高瀬船のすれ違いにこだわって高台だけは堀床一〇間とするように主張していたから、それを確認するための検分であったと考えられる。

江戸から、霊岸島の八右衛門という者が普請費用を減らす方法を申し出ていると知らせがあった。そこで、一昨日鳥居が江戸に帰る同心の小倉と小林に風聞調べを命じていたが、その風聞書が届いた（内容はわからない）。

同心の加藤はお手伝い方の風聞書二通と庄内藩の持場で起きた人夫の口論についての風聞書を鳥居に差し出した。また普請所近辺の村々で売っている品物が高値になっているとして調べた風聞書も差し出した。

〈九月十一日〉

上天気であった。時折雲が出るが、すぐに吹き払われ、快晴になった。風は朝より南風あるいは西風で強く、砂を吹き立てるので散々であった。

竹内は、朝より暑かったため終日単物にした。夕方普請所に出た際は夏装束にしたが、風が強くて汗をかくほどではなかった。夜中も快夜で、風は昼よりかなり静かになった。夜は綿入れに夜具を纏った。

庄内人夫に、下野一宮二荒山神社の災難除けのお守りが下された。

――二荒山神社の祭神は豊城入彦命、大物主命、事代主命で、現在の栃木県宇都宮市馬場通りに鎮座している。

この日、勘定奉行の梶野と勘定吟味役の篠田の検分があり、町奉行の鳥居が江戸に帰った。

――鳥居が江戸に帰ったことについて、竹内は日記に「鳥居様今日弥々御出立御帰府」と記しており、「弥々」という文字にホッとした胸の内が読み取れる。

鳥居は、与力の原のみを連れて今暁の寅刻（午前四時）に大和田村を出立した。昼飯は新宿を予定した。また新材木町名主の三九郎と加賀町名主の平四郎も今暁に出立したが、これは商売を希望する者がいれば江戸で調べることになったからである。同心は、五藩から見積もりが出されることになっていたので、だれも鳥居の供をせず、旅宿で調べ物をした。

江戸に着いた鳥居は、夕刻面会に来た小普請の石河疇之丞に普請所のようすを語ったが、その中で梶野と篠田の奸策によってお手伝いの大名が殊の外疲弊していると二人を批判した。そのうえで、「世上の風聞はどうか」と尋ねたので、石河は「巷間ではとても完成は難しく、たとえ大金を費やして完成したとしても、それに見合う実効はないだろうと噂している」と答えた。これに対して鳥居は、「普請は是非とも完成させなければ、水野は職を辞して万人に謝らなければならず、自分とても左遷になるかもしれないので、精力をつくしてやり遂げる心構えである」と述べた。

小普請の石河は、この年の二月に書物奉行の渋川の紹介で会って以来鳥居のもとに出入りしている人物である。八月十九日には、普請所に出立した鳥居の指示によってはじめて目付の榊原にも会っている。こうして鳥居、榊原、渋川のグループと交わり、役に就きたいという出世願望から手先として上知令反対派の動きなど情報の収集活動に奔走するようになった。しかし、後には裏切られて甲府勝手小普請に追いやられてしまうのである。この冷たい仕打ちに憤慨した石河が鳥居らの行状を告発し、自分を擁護する嘆願書を提出するが、これが鳥居らを追い詰める結果となる。そのいきさつについては、後で改めて述べることにしよう。鳥居が石河に語った中で、普請費用が膨らんでいるのを梶野と篠田の奸策ときめつけているが、普請所に常駐していた梶野や篠田とは普請をめぐって考え方の違いが露呈していた。月が変わると、それはより一層明確となるのである。

江戸の非人頭が、非人たちの作った上中下の草鞋をそれぞれ一〇〇足ずつ三〇〇足を持って、小網町から行徳船で行徳へ出て同心の旅宿にやって来た。草鞋は、大和田村名主の小十郎に売りさばかせるため試みに取り寄せたものであった。

普請が縮小になる

〈九月十二日〉

朝は天気がよく、五つ半時ごろからしばしば曇り、少々雨がちらちらと降ったが、まもなくやんだ。その後西風が激しくなり、晴れ上がった。昼ごろに追々弱くなり、雲が出て七つ半時ごろより雨になった。暮れごろ東風に変わり、ますます雨天となった。

竹内は、朝より単物で、夕方普請所に出た際は夏装束にしたが、風があるため昨日よりは凌ぎやすかった。

目付の榊原が江戸に帰ったこの日、留守居の矢口が花島村に呼び出され、勘定奉行の梶野、勘定吟味役の篠田、それに勘定組頭の白石と金田らが出席して、老中の水野からの通達が伝えられた。
一、普請の期間については、厳寒の節は人夫が格別難儀をするから十一月ごろまでにすべて成就させるように。この意を得て格段に励み、十月末にはあらかた片付け、十一月ごろにはすべて成就という段取りにするように。
一、堀床については、沼津藩と庄内藩の持場の高台部分は一〇間とし、そのほかの持場は七間でよいが、秋月藩の持場は海寄りの方を一〇間、貝淵藩寄りの方を七、八間とする。
一、法については一割半と心得、土質によって二割、または二割半とする。
終わって、金田から、人夫の数を増やして十一月までにすべて成就させるようにと重ねて話があった。

この通達によって普請は縮小されることになったが、水野は九月七日の町奉行の鳥居宛の書状で述べている主張を貫いた。庄内藩にしてみれば、九月八日に幕府勘定の渡辺からもたらされた情報のとおりであった。九月九日には秋月藩とともに榊原から普請の進捗が一段であると褒められ、水野からの通達と併せてさらに精励するように督励されたが、その段階ですでに決まっていたためであったと理解できる。縮小の内容についての竹内の感想はないが、衝撃は大きかったにちがいない。しかも一〇か月という普請の期間が大幅に短縮され、あと三か月余で仕上げねばならなくなったから、なおさらであったろう。九月十日に与力が十一月晦日までの総費用の見積もりを出すように指示したのも、こうなるのがわかっていたからである。人夫の数を増やすようにと話があったからではないだろうが、元小屋とは少し離れた横戸村地内の字二子山という所に人夫の小屋を建てたいと梶野に申し入れた。申し入れは許可され、地主への地代金については幕府代官の手代に相談するようにと指示があった。この人夫小屋は新兵衛・七九郎雇い人夫の小屋となるが、庄内藩の持場で働くようになって一か月を過ぎていた。これまで別の場所にあった小屋に住んでいたのか、あるいは農民の家を借りていたのかはわからない。

この日、関宿境町の理左衛門という者が弁天小屋で幕府勘定の渡辺と話をした。理左衛門は当年七六歳になるが、天明の普請の際は一二、三～一六歳くらいまで幕府勘定方の手伝いをしていて、その時のようすを詳しく覚えていたので、同郷ということで新兵衛が連れて来たのであった。そこで竹内は、明日にも新兵衛の宿舎にだれかを遣わして理左衛門が覚えていることを聞き書するように場所奉行の辻に指示した。

それにしても「奇怪」なこともあるものだという感想を漏らした。

夕方、鳥居の与力に見積書を差し出した。その中で、矢口と辻は見積書の作成にあたっての留意点を記している。

庄内藩の持場は長さ一一九六間で、堀床は一〇間であるが、このうち沼津藩寄りの七番杭下七〇間三尺目より七三番杭留まで長さ一〇二一間が法二割、七四番杭より六番杭下二二間三尺目まで長さ一七五間が法二割五分となっている。この心得で、七月二十三日より八月十九日まで法の部分の土を取り除く普請に取り掛かったところ、江戸表において堀床七、八間・法一割の見積もりを差し出すように達しがあり、普請所においては堀床七間・法一割の仮杭のとおり普請に取り掛かるように勘定の渡辺様から指図があって八月二十日より取り掛かった。

さらに堀床一〇間で法一割五分と法一割の見積もりを差し出すように達しがあったが、堀筋の縄張りの模様によって取り除く土の坪数の増減があるので、仮杭をもっての指図でなければ坪数の取り調べができないと再応を申し入れた。しかし堀筋を見計らっておよその見積もりを差し出すようにと達しがあり、最初の縄張りでは高台の法の部分を新規同様に取り除かなければならなかったが、その後に堀床七間・法一割で仮杭を立てた堀筋は古堀によっていて最初の縄張りよりは手軽のほうなので、仮杭の中央を用いて堀床一〇間で法一割五分と法一割の見積りをしたのである。

こうして作成した見積書によると、堀割人夫賃、水替え人夫賃、水車そのほか諸費用などとして金九万二〇六六両二分となっている。法一割は金七万二八四三両二分と記載されているので、これは法一割五分の見積もりと考えられる。最初の堀床一〇間・法二割の見積もりは金一一万七〇五〇両ほどであったので、これと比べると法一割五分で約金二万五〇〇〇両、法一割で金四万四〇〇〇両余が減る計算になる。

国元では、鶴ケ岡と酒田亀ケ崎の城下に金六五〇〇両、八郷通に金三五〇〇両の合わせて金一万両の増御用金を命じた。そのうち山浜通では、淀川・田川・由良・三瀬・温海・鼠ケ関・小名部の七組に金三九三両三分が割り当てられた。

この日の鳥取藩の雇い人夫は四〇九四人で、鳥取藩として普請期間の最高の人夫数を記録した。同心の加藤は旅宿で風聞調べをし、五藩の持場を分担していた勘定方の掛りから出された普請費用の見込みなどを書面にして江戸に送った。

江戸にいる同心の小林から、下谷車坂町与兵衛店の重吉を召し捕らえるようにと知らせがあった。これは、日光奉行中坊大和守広風の中間馬次郎が金八両ほどを盗んで逃げたので、馬次郎が宿としている重吉のところに取り立てに行くと、すでに重吉は逃げた後であったが、庄内藩持場で人夫をしているという情報を得たからであった。書状は重吉の顔を知っている定回りの手人の峰吉が持ってきた。

〈九月十三日〉

終日大曇りで、時折雨が降った。東風が随分強く、朝より袷を着て、片方の戸を開けた。夕方に至って追々寒くなり、綿入れを着て、戸を閉めた。夜中も風はやまなかった。

夕方、飛脚が立った。昨日の花島村での達しと町奉行の鳥居から尋ねられたことについての取調書を江戸に送ったのであった。これを老中の水野へ届けるかどうかについては江戸屋敷に一任した。

先月二十九日に国元を出立した徒五人が今日着いたので、代わりに普請所に詰めていた徒五人を江戸に帰した。

副奉行の都筑が明日出立し、途中で一泊して江戸に帰ることになった。交代の黒崎は十七日に江戸を出立し、翌日元小屋に着く予定であった。

大庄屋の久松は、江戸への御用を命じられて五つ半時（午前九時）ごろ出立した。

――御用の内容は藩が工面した金銭の受け取りだったようだが、十七日に戻るまで江戸に滞在している。この間、泉岳寺の赤穂四十七士の墓をはじめ神田明神、湯島天神、浅草観音などを訪れている。

昨日の達しにより、幕府勘定の渡辺や普請役が堀床一〇間・法一割五分の縄張りをした。その際人夫雇い方引受人の新兵衛や伊右衛門なども出るようにと沙汰があった。この日は、勘定奉行の梶野もやって来たが、竹内は書き物があって見回りには出なかった。

この日、庄内藩では庄内人夫一〇〇六人、百川屋雇い人夫二〇二人、新兵衛・七九郎雇い人夫六二六人の合わせて一八三四人が出たが、雨天のために休みとなった。鳥取藩の持場も同様に休みとなった。

庄内人夫一四二七人に、鮭の塩引五七本が下された。また九日の重陽の節句祝儀として、一人銭五〇文ずつ下された。

同心の加藤は重吉の探索を政吉に申し付け、庄内藩の人夫雇い方引受人をしていた百川屋茂左衛門方の万右衛門に相談させた。

惣深新田の源兵衛と天戸村（現千葉市）の市兵衛が五藩の総見積もりを差し出した。これは堀床の縮小にともなう普請費用の総見積もりで、見積もりをした源兵衛は貝淵藩の人夫雇い方引受人で、市兵衛の村は貝淵藩の持場内にあった。

五藩の家臣から小者まで小屋場での一日あたりの賄い方の風聞調べなどについて、与力の中田と佐久間より江戸長谷川町名主の鈴木市郎右衛門と白山前町名主の房次郎に相談があった。炊き出しを請け負っている者に手段を尋ねると、沼津藩と貝淵藩の家臣は手賄いということであった。

同心の植木は、幕府勘定吟味方改役の笹本に用事があって花島村の旅宿に出掛けた。

〈九月十四日〉

朝からよい天気で風は東風であったが、夕方には静かになりよい模様になった。暮れ前には風がやんだ。竹内は、涼しかったので朝から綿入れを着て終日過ごした。夕方普請所に出た際は単物を着て袷羽織を用いたが、暑くはなく、暮れ前になると涼し過ぎる方であった。

この日も渡辺をはじめ幕府の普請役が間番の杭打ちに取り掛かっており、六七番辺りまでできた。これにはかの老人理左衛門も手伝いに出ていたが、竹内が驚くほど極めて達者であった。新兵衛は不快のために出なかったが、甚右衛門ほか新兵衛の手の普請に巧みな者が二〜三人出た。伊右衛門や武八らはとてもそれらのこともおぼつかないのか、今日は出なかった。

上野国定村無宿の忠次郎ほか二人が紀伊熊野辺りで御用になったと紀伊藩の役人より江戸にいる同心の小倉に知らせがあり、小倉は現地に向かった。重吉の探索をしていた政吉は、忠次郎の件にはじめから取り掛かっていたので、紀伊に行くことになり、今朝出立した。同心の加藤は、手当として金二分二朱を渡した。また彦四郎も紀伊に行くことになって今朝出立した。

紀伊で御用になったという忠次郎は、世にいう国定忠次（本名長岡忠次郎）のことであろう。その忠次は、前年の天保十三年に大戸（現群馬県吾妻町）の関所を破って信濃へ逃げている。この時期にたしかに紀伊にいたのであれば問題はないが、忠次が捕らえられて大戸で磔刑になったのは嘉永三年（一八五〇）のことなので、これは偽者か人違いではないだろうか。

与力の中田、佐久間、同心の大沢、植木は高台より検見川まで見回ったが、その途中の花島村で勘定吟味役の篠田の旅宿に立ち寄った。

堀江町名主の熊井理左衛門が江戸からやって来た。

重吉の探索のため与三郎に峰吉を付き添わせて庄内藩の持場に遣わしたが、それらしき者はいなかった。

〈九月十五日〉

雲はあるがよい天気であった。風は東風で、昼ごろ追々弱まり、七つ時ごろより暮れ過ぎにかけてほとんどやんだが、やっぱり東風であった。今朝などは涼しく、綿入れを着て、戸障子を閉めた。昼まではそのとおりであったが、追々風が弱まるにつれて暑くなった。昼過ぎに普請所を見回った際、昨日と同様の衣服にしたがしだいに暑くなって扇子を用いた。暮れになっても涼しくならず、帰宅後は袷を着て戸障子を開けた。夜中は、綿入れに夜具を纏った。

勘定奉行の梶野や勘定吟味役の篠田などが庄内藩の持場に来た。八つ時ごろより幕府勘定の渡辺が縄張りの杭打ちに取り掛かったが、一向に捗らず七九番より後が残った。

この日、はじめて鴈の声を聞いた竹内は、北の地から来たような「情感」がすると記した。

「情感」という言葉には、まもなく冬が訪れることを知るとともに、故郷北国の庄内への思いをダブらせているようにうかがえる。

かの老人理左衛門の話では、天明の印旛沼堀割普請は二年にはじまって六年にとりやめになったが、その際一二歳より一六歳まで幕府勘定役人の供をして始終普請所にいたという。当年七三歳であれば年数は合うが、七六歳では一五歳より一九歳までの間となると思われるので、竹内はさらに糺すことにした。理左衛門は、今日も手伝いに駆け回っていた。

鳥取藩では、幕府に差し出した普請費用の見積書に計算違いがあったため、勘定頭の加賀美隼人をはじめ関係者を差し控えの処分にした。しかし、彼らが欠けると普請に大きな支障が出るので、謹慎させながら御用を勤めさせるという苦肉の策で対応した。

同心の加藤は、書き物が多くあったため普請所の見回りには出なかった。この日、布佐村市兵衛こと正三郎の風聞書、五藩の小屋場内賄いの風聞書、高津村で起きた一件の風聞書の三通を与力の中田に提出した。そのうち高津村の一件は、領主の旗本間宮神次郎の家臣が名主の太兵衛を捕らえて縛ったところ、大勢の農民が集まってその家臣を殴って名主の太兵衛を取り返したというものである。

夕七つ半時、与力の原が江戸から萱田村の旅宿に着いた。

二　薬物の酒と庄内人夫仁兵衛の死

同心加藤が見た普請所

〈九月十六日〉

朝は大霞が出たが、よい天気であった。風は西風になり、霞が晴れて照り出した。夕方雲が追々出て、風はしだいに弱くなり、七つ半時ごろより東風に変わって強く吹き出した。雲は厚く、夜中は騒々しく吹き荒れの天気となった。

朝は涼しかったので、竹内は袷を着た。戸障子は片開きにしたが、外は照っていたため暑く、夕方普請所を見回った際は帷子に単羽織で出た。やっぱり暑く、帰宅した暮れごろにまた袷を着た。夜中は綿入れに夜具を纏った。

国元より成田英助が養生かなわず先月晦日に病死したと知らせがあり、倅の得兵衛から忌中届が出た。しかし竹内は、普請所に詰めているので、むごいことではあるが出勤を申し付けた。成田英助は竹内家に仕えていた人で、得兵衛は竹内に従って普請所に来ていたのであった。

この日も幕府勘定の渡辺による縄張りの杭打ちがあったが一向に捗らなかった。その理由は、堀割の中央をあれこれと動かしたためであった。

江戸からの飛脚が着き、残暑が強いので、当月中は夏服を用いるようにと十二日に幕府より触れがあったと知らせて来た。また、将軍家では男子が誕生し、まもなく逝去したが、普請所の鳴り物はおかまいなしということであった。

――これは、『続徳川実紀』（第二篇）九月十九日の「このほど出生ありし若君はかくれさせたまひしによて、照耀院と謚しまいらせ。けふ増上寺へ御葬送あり」という記事に関連している。

江戸に帰った副奉行の都筑から、竹内のもとに書状が届いた。内容は、帰って直ちに両殿にお目通りすると、竹内の帰府のころあいについて尋ねられ、普請所ももはや杭の打ち直しなどもできたので、黒崎と交代のつもりを申し上げたところ、それでよろしいということであったが、黒崎は少々風邪気味のため十七日の出立は無理で、十九日ごろになる、というものであった。

これまで往来者は立ち止まって普請所を見物することは禁止されていて、持場の所々に立て札が設けられていたが、一昨日の十四日に人夫が窮屈になってはよくないので、物売りや見物の者がある方がよろしいとの沙汰が出た。そこで、これまでの立て札を引き抜くようにと指示があった。

今朝、長谷川町名主の鈴木市郎右衛門が江戸に帰った。

与力の佐久間、原、同心の加藤、大沢が沼津藩の持場を検分した。この検分は、島田村に設けられていた出張小屋の向かい側の縁が崩れているという風聞が江戸で立ったため、それを取り調べるように指示されたからであった。堀割は長さ四間余・幅四、五尺より六、七尺にわたって法が崩れていたが、沼津藩の持場を担当していた幕府勘定の愛知に聞くと、一割五分の法にすれば堀方になるので差し支えないということであった。

普請所の村々の物価が高いので、江戸から品物を回し、適当な場所を見立てて希望する者に江戸の値段で商売をはじめるように勘定吟味役の篠田と打ち合わせた。この普請に取り掛かる前に、普請所の村々に対し、普請に便乗して物価を上げないように通達が出されていたが、守られていなかったようである。

与三郎と峰吉を下谷車坂町の重吉の探索に出した。

〈九月十七日〉

昨夜は騒々しい東風であったが、今暁よりやんで静かな天気になった。涼しくて朝から綿入れを着たが、戸障子は閉めなかった。夕方などことさらよい冷気となった。総じて曇りがちであった。夕方、普請所を見回った際は襦袢、袷羽織を着たが、汗にならなかった。夜中、綿入れに夜具を掛けた。

具合が悪かった耳が全快した竹内は人夫雇い方引受人の新兵衛に聞いた話を次のように日記に記した。

新兵衛は関宿の者で、家筋を聞いたところ、武田の姓で、川越合戦で功名があり、足利持氏からこのような働きははじめて見たと褒められて初見の名字が許されたということであった。その際に太刀を賜ったが、今も所持していて、領主の水野日向守に見せたところ、秘蔵するようにと研判などが下されたという。また甲冑も三領所持し、陣弓など痛んではいるが三～四張あるという。

火災などに遭わないかと尋ねると、今の家作は天正二年（一五七四）に建てたもので、当年で二七〇年になるということであった。新兵衛で二七代になるというが、代々男子が相続しているのはめずらしいことだ。系図は武田義信からで、源頼朝公の狩りで鴈を差し上げた際に賜った書が自分の家の蔵にあり、人には見せないと聞いた。いずれにしても名家には相違ない。はっきりとは聞き取れなかったが、寛文とかに老中方よりこれらのことについて尋ねられ、大小を拝領したとか聞いたけれども、はっきりとはわからずはなはだあやしい。新兵衛は将棋が強く、四段ということだ。

竹内は新兵衛を関宿の者と記しているが、実際は下総国猿島郡谷貝村（現茨城県三和町）の名主であった。領主は水野日向守となっているので、下総国結城郡・真壁郡・茨城郡、上総国武射郡・山辺郡、下野国芳賀郡・都賀郡に領地があった結城藩一万八〇〇〇石の水野勝進のことであろう。しかし谷貝村を支配していたのは結城藩の水野氏ではなくて関宿藩の久世氏であった。この結城藩で思い当たるのがもう一人の人夫雇い方引受人の七九郎である。七九郎は常陸国真壁郡関本村の名主で、この村は結城藩領であった。さらに新兵衛の姓は武田で、系図は武田義信からはじまるというが、義信は信玄の子であり、源頼朝の時代とは時期が合わず、鎌倉時代に甲斐国の守護に任じられた信義の誤りであろう。このように誤りがあるので、竹内が聞き違ったり七九郎のことと混同した可能性も否定できないが、これらの故事来歴を信じてよいのか疑問が残る。

竹内は、江戸より戻った大庄屋の久松から八日に庄内を立った飛脚が十五日に着いたと聞いたが、先月二十四日に普請所を出立した大庄屋の尾形八郎治と和田善内に預けた書状が国元に届いていないようなので不審に思った。尾形と和田は追加の人夫の付き添いとして庄内から来たもので、尾形は八月五日に出立して十七日に、和田は八日に出立して二十日にそれぞれ普請所に着いている。両人は、久松とは違って普請所詰めではなかったので、庄内に引き返していた。

この日、普請所の仮の縄張りが残らずできた。また、庄内人夫には、「痢病除清丸」という薬のほかに、鯨、味噌、葱、茄子が下された。

与力の佐久間、原、同心の加藤、大沢が庄内藩から秋月藩の持場まで見回った。鳥取藩の持場では、花島観音堂の向かいの南柏井村地内で縁が長さ五〇間・幅三、四間より七、八間にわたって崩れた箇所があった。与力・同心には、ここがかねてよりの難場で、いろいろと風評があるものの、差し当たって掘り悩んでいるというようには見えなかった。与力の佐久間がようすを掛りの幕府普請役の林啓三郎に聞いたところ、昨日勘定奉行の梶野、勘定組頭の金田、それに支配勘定の横田伝七や徒目付の大橋一九郎などが話し合い、町奉行の鳥居と目付の榊原に相談することになったが、法を大きくすればできるのではないかという答えであった。また、貝淵藩の持場でも、東金橋から南柏井村にかけてやそのほかにも所々に割れがあったが、ここも掘り悩んでいるというようにも見えなかった。

同心の加藤は、これらの場所は沼田あるいは化灯土で水が出ているが、自然に湧いているという説もあり、花島村は天明の普請では掘り悩んで完成しなかったので、こうした浮説が今に伝えられて掘り悩みの説がもっぱらになったのであろうと思った。しかし、今度のやり方では成功するか疑問であったので、まず当時のあらましを御用状にしたためて与力の中田に差し出した。

与三郎と峰吉を重吉の探索に出した。

〈九月十八日〉

朝より大曇りで風はなかった。今暁は雨がしきりであったが、明け方は降らず、四つ半時過ぎから再び雨になった。しばらくしてやんだが、夕方人夫が引き揚げた後から降り出し、夜中にかけて細雨になった。

朝から涼しすぎるくらいで、竹内は朝飯後より綿入れ羽織に襦袢を着た。夕方普請所に出た際は綿入れを着て、給羽織を用いた。

大庄屋の久松は、江戸で所々から預かった書状などを配った。そして竹内、場所奉行の辻、郡奉行の山岸らに「ぶどう」、代官衆には菓子をそれぞれ土産として差し上げた。

この日、庄内藩を担当していた幕府普請役の中村運八郎が痢病のため気分がすぐれず江戸に帰った。

同心の大沢より留守居の矢口へ、老中の水野から町奉行の鳥居へ書状があり、庄内藩に金五万両、沼津藩に金二万両、貝淵藩に金三万両、鳥取藩と秋月藩に一万石につき金一五〇〇両がお下げ金になると内密に話があった。


――書状は鳥居がまだ普請所にいた九月十日の暁に届いたもので、大沢はその内容を聞いていたのであろう。


与力の佐久間、原、それに同心の大沢が、江戸堀江町名主の熊井理左衛門らを連れ、昨日に続いて南柏井村の崩れた箇所を検分した。同心の加藤と植木は、貝淵藩と秋月藩の持場に行った。夜になって、同心の五島が江戸から戻って来た。

検見川村や馬加村の近辺で金銭や衣類などが盗み取られる被害があり、船橋宿の弥兵衛に調べるように申し付けておいたところ、それに似た反物を常陸国小川村の無宿吉五郎が船橋宿に持ち込んだ。そこで、疑わしく思って召し捕らえて取り調べると、検見川村の久八の家をはじめ数か所に忍び入り、戸を外したり壁を破って盗み取ったと自供した。取り調べは検見川村の秋元屋重兵衛方で行われ、同心の加藤、植木、それに手先の与三郎、峰吉らがあたった。

〈九月十九日〉

夜通し雨が降ったが、今朝になって上がり、追々よい天気になった。風は終日東風であった。終日涼しく、綿入れに襦袢、綿入れ羽織を着た。夕方普請所に出た際は綿入れに袷羽織にしたが、暮れ前に戻って綿入れにした。夜中は綿入れに夜具を用い、掻巻を重ねた。

竹内は、勘定奉行の梶野が急の御用があって今日江戸に帰ったが、四～五日でまたこちらに出張すると聞いた。

今朝江戸から飛脚が着き、副奉行の黒崎が一昨日より病気となり、今日の出立はもちろん、すぐには出勤できない模様なので、都筑が再び普請所に行くことになったと知らせがあった。

庄内人夫と百川屋雇い人夫の持場となっている西側の法の切り上げについて、幕府からいろいろと留居の矢口や場所奉行の辻に嘆きを言って来たので、やむをえず庄内人夫の分を百川屋に切り上げさせることにした。竹内は、老中の水野の「邪臣之口塞」によってこうなったが、不本意で不埒であると憤慨した。

御用留の記述のままでは意味がのみ込めないのでこのような解釈にしたが、普請が堀床七間に縮小になったにもかかわらず、庄内藩の持場のうち高台だけは堀床一〇間とされ、百川屋の扱いとなって費用が膨らむ懸念もあったので、それに対する怒りと思われる。

同心の加藤は、五つ時過ぎに無宿の吉五郎を山駕籠に乗せて差し立て、天戸村で継ぎ立てて萱田村の旅宿に運んだ。山駕籠代など金一分・銭四八〇文の費用は、とりあえず加藤が立て替えた。その後加藤は、調べ物があって、普請所の見回りには出なかった。

今暁、与力の佐久間と同心の大沢が江戸に帰った。

沼津藩の持場で、人夫が人夫雇い方引受人をしていた江戸深川北松代町代地家主の蔵田屋庄助を勘定吟味役の篠田に訴える出来事が起きた。人夫は篠田から幕府代官勝田の手付の前島源蔵へ引き渡され手鎖を掛けられたが、その後赦免となって沼津藩を担当していた幕府勘定の愛知升七郎に引き渡された。この風聞について江戸白山前町名主の房次郎から報告があり、また蔵田屋庄助代庄蔵よりも書面の提出があった。

病人に酒を

〈九月二十日〉

今暁七つ半時（午前五時）ごろ地震があった。今朝は曇りで、風は東風であったが、五つ時過ぎから雨となり、終日晴れ間なく降った。いたって寒冷で、襦袢に綿入れを重ねたが、手足が冷えて寒かった。朝飯後から掻巻を取り出して纏い、夜中は夜具に掻巻を重ねて寝た。これまでにない寒い日であった。

雨天のため、五つ半時（午前九時）過ぎより休むようにと掛りの幕府勘定の渡辺から沙汰があり、引き揚げた。鳥取藩の持場でも休みとなった。

この日、庄内人夫に鯡四二八四本が下された。

与力の原が萱田村の旅宿で無宿の吉五郎を取り調べた。その吉五郎を江戸に送るために同心の加藤が出立することになった。

〈九月二十一日〉

夜中に雨が上がった。朝は曇っていたが、五つ半時ごろより東風が強まり、快晴になった。暮れ前から風は静かになった。朝からいたって寒く、綿入れ羽織を着るがそれでも寒く、綿入れなどを重ねた。夕方に普請所を見回った際、綿入れ一つに袷羽織でも寒い方であったが、日が照っている所は心地よかった。帰宅後は掻巻を纏った。

今朝、足軽小頭の中野彦兵衛が養生のかいもなく昨夜病死したと報告があった。四六歳であった。そこで大病体にして早駕籠で江戸に送るように場所奉行の辻に取り計らわせ、葬地や相続などについてはかねての定めのとおりにするように御用状を出した。

これまで庄内藩では目付の加藤九助と代官の矢島逸策が病死しているが、二人とも普請所で病気となって養生先の江戸で死去している。大病体にしたのは、せめて葬儀は江戸でという配慮からであったのだろうか。

新兵衛・七九郎から、たくさんの鯉や鯰が元小屋に届いた。この鯉や鯰は持場で取れたもので、四斗樽に入れられていたが、幕府の役人にも差し入れたということであった。

この日、留守居の矢口は花島村の勘定吟味役の篠田の旅宿を訪れ、次のような内容の伺い書を勘定吟味方改役の笹本に差し出した。

元小屋に詰めている家臣や人夫が追々痢病を煩うようになり、国元より庄内人夫に付き添って来ている医師や江戸屋敷より普請所に詰めている医師が治療にあたっている。その後も病人が増えているので、なおも医師を呼び寄せている。

近ごろでは家臣や庄内人夫の中に病死する者が出て、そのほか軽重の病人が都合二三〇人余にもなり、いろいろと手当てをしたが、さらに病人が増えるようすで当惑している。酒は一切制禁になっているが、この病気は熱が伝染するので、看病人や煩いはじめの者に少しずつ薬物として酒を用いれば熱も治まり、気力も一段とよくなると医師たちが申している。そこで酒宴など無分別なことはさせないので、できれば薬物として用いたいがいかがか。内意を伺いたい。

笹本が篠田に相談すると、書面の向きはもっともで、薬物同様に用いるのは差し支えないと許しが出た。そこで矢口は、「薬物として用いた後で目付方や町奉行方から不審に思われ、許しを得ていると答えるのは何とも不都合なので、しかるべき取り計らいを願いたい」と述べた。笹本からは、「もっともなので明日達することにする」と答えがあった。

秋月藩の持場では、江戸深川下大島町の与七が、「ジョレン」という道具ですくい取った堀割の土を船に積んで土捨て場まで運び、干潮の場合は海に捨てるという仕事を請け負った。料金は一坪銀一四匁で、与七はこれに二五艘の船を出して、二十三日から晴雨にかかわらず無休で取り掛かることになった。

同心の加藤は、無宿の吉五郎を江戸に送るため明け六つ時に萱田村を出立した。途中船橋で小休、八幡で昼飯にして、暮れ六つ時前に江戸に着いた。その夜、与力の中田と佐久間を訪ね取調書を差し出した。

〈九月二十二日〉

曇りがちではあったが、よい天気であった。昨日の北風に変わって、今日は東風になった。朝飯後は昨日と同様に寒かったので綿入れ二つに綿入れ羽織を着たが、普請所から帰宅した後は羽織を脱いだ。夕方普請所に出た際は、綿入れ一つに袷羽織にしたが、寒くはなくて暖かい方であった。夜中は夜具の上に掻巻を重ねた。

普請所の小屋で幕府徒目付の大橋より留守居の矢口に昨日の酒についての達しがあった。その内容は、酒は堅く禁制されているが、これから寒気が増すと人夫が難渋するので、木の下や小屋で濁り酒などを用いてもよろしい、というものであった。

その後、勘定吟味方改役の笹本から夕刻花島村の旅宿に来るようにという書状があり、矢口がまかり出ると、「人夫については済んだが、役人や軽輩については、寝酒あるいは病人のところへ行った際に薬物として用いると承知すればそれでよいと目付方よりの達しで、そのうえこちらから指図すると両方より達することになるし、書き留めれば江戸表に知らせないのはどうかと思われるので、昨日の書状は返却する」という内容の話があった。書状を受け取って帰った矢口は、「元小屋で薬物と心得て酒を用いるのはよいが、酒宴になってはならないので、そのことはよくわきまえて酒のために心得違いにならないようにしたい」と竹内に報告した。

普請がはじまって二か月になるが、この間きびしかった残暑から寒気が流れ込む季節に変わり、人夫や藩の掛り役人に疲れが目立ち、病人が続出し、病死する者も出るようになった。こうした状況

から、禁制されている酒を薬物という名目にして、現場の判断で用いることを許可したのである。

庄内人夫二四〇人が、一人金一分ずつ合わせて金六〇両を拝借したいと大庄屋に願い出た。その理由は、一重の着物しか持参しておらず、追々冷気が増して朝夕の寒さが凌げないようになったので、袷の着物を買い求めたい、ということであった。

庄内藩の持場には、庄内人夫一〇八三人、百川屋雇い人夫一八四九人、新兵衛・七九郎雇い人夫一八六七人の合わせて四七九九人の人夫が出たが、この日から百川屋雇い人夫と新兵衛・七九郎雇い人夫の数が逆転した。

江戸にいた同心の加藤は、沼津藩の人夫雇い方引受人をしていた江戸深川北松代町代地家主の蔵田屋庄助の一件で手代の藤助に手鎖を掛けた風聞書一通、秋月藩と庄内藩の足軽が博奕場へ踏み込んで酒代をもらっていた風聞書一通、庄内藩の裏門辺りで商人が酒を売って酒代をもらっていた風聞書一通、五藩の持場の人夫賃銭渡し方に関する風聞書一通、上総国山辺郡家徳村（現東金市）の乙次郎ほか一人が八州役人の手先の子分と名乗って打擲して逃げた風聞書一通の五通を差し出した。ほかに普請の進捗状況などについて町奉行の鳥居に報告した。

また、同心の旅宿になっている萱田村の孫右衛門の屋敷内に与力給知一三か村の者が捨て訴した件で、定例のとおり焼き捨てるかを鳥居に伺うと、そのとおりに取り計らうよう申し付けられた。

捨て訴は訴状を役所や老中などの屋敷の門前に置いて訴えるものであるが、この行為は禁止されていたので、開封せずに焼き捨てるのが定めとなっていた。

〈九月二十三日〉

今暁よりかなり強い雨となり、晴れ間がなく降った。八つ時過ぎより風が出て、時々晴れた。

竹内は、綿入れ二つに綿入れ羽織を着た。少し暖かな方であったが、夜中は夜具の上に掻巻を重ねた。

雨天のため、普請は朝から休みになった。

昨日の酒に関する達しについて、この日元小屋の一同へ、薬物として休みや看病の折に少し用いるのはよいが、酒宴のようなことは一切しないようにと沙汰した。

竹内は、アトリが渡るのをはじめて見た。

――アトリ（臘子鳥・花鶏）は、秋・冬になると大陸の北部から渡来するスズメ目アトリ科の小鳥である。

この日、庄内人夫に塩引五〇本が下された。

庄内人夫として普請所で働いていた櫛引通鳥飼島村（現櫛引町）の茂左衛門が、老母の介抱を理由に帰国願いを大庄屋に出した。家は老母、女房、娘との四人暮らしであったが、茂左衛門が庄内人夫として七月十三日に国元を出立したころから女房が病気になって先月の十七日に病死した。その後娘も病死したため老母の嘆きは大きく、このころは病気にもなって一人暮らしでは心細いので帰ってほしいと連絡して来たのであった。

同心の加藤は、自宅で風聞調べをした。

〈九月二十四日〉

今日は快晴で、西風になった。朝飯後は寒くて綿入れ二つに綿入れ羽織を着たが、昼ごろには暖かくなった。夕方に普請所を回った際は、綿入れ一つに袷羽織にしたが、少し汗ばむ方であった。七つ半時過ぎに帰り、その後は綿入れ一つにした。夜中も晴れ、夜具のみで休んだが、後に掻巻を重ねた。

遊佐郷大服部村（現遊佐町）の仁兵衛が養生のかいもなく今暁に病死したと場所奉行の辻から報告があった。竹内は、仁兵衛が生前に土葬を望んでいたのでそのとおりにし、墓を建てることも了承した。

仁兵衛は、七月十三日に庄内を出て二十五日に普請所に着いた三番立の一人で、五七歳であった。遺体は元小屋の西門から外に運ばれ、横戸村の真言宗明星寺の引導によって墓地に埋葬された。費用は、買物代金一分、布施金一分、初七日より四九日までの供養料金一分、土地の損料金一分、日牌料金一分、横戸村の村役人へ酒代金二朱であった。費用は火葬の場合と同様に藩が負担した。

発くことなかれ

墓は、花見川に架かる弁天橋から程近い墓地の中にあり、正面に「荘内大服部村仁兵衛墓」と刻まれている。そして向かって右の側面に「これ印幡（旛）沼古堀筋御普請御用御手伝人夫の墓なり、天保十四癸卯七月十三日羽州庄内を出て、同九月二」、続けて左の側面には「十四日病死して爰に葬る、後の人憐みてこれを発くことなかれ　法名観阿道哲信士」と刻まれている。墓石が建てられたのはしばらく経ってからであるが、最後の「後の人憐みてこれを発くことなかれ」という部分には、どのような思いが込められているのだろうか。この普請で病死した庄内人夫は一九人で、そのうち一六人が火葬、三人が土葬になっている。年齢は一八歳から六三歳で、五〇歳以上が一一人に及んでいる。藩の指示では三〇～四〇歳で働き方が抜群の者を選ぶようになっていたが、実際には基準よりも高い年齢層の者も普請に従事しており、この年齢層にとって普請がいかに苛酷な労働であったかを物語っている。

荘内大服部村仁兵衛墓

この日、幕府勘定の渡辺から場所奉行の辻に普請の仕様帳が渡された。この仕様帳は普請の変更に伴って作成されたものであった。そのうえで普請費用を見積もり、何月中に成就するかを調べて二十七日までに差し出すように申し付けられた。

庄内藩の持場には、庄内人夫一〇六二人、百川屋雇い人夫一七七一人、新兵衛・七九郎雇い人夫二三九七人の合わせて五二三〇人が出た。一時五千人台と六千人台を記録した八月の末を除いて、これまで三千〜四千人台で推移していたが、再び五〇〇〇人を超えるようになった。特に新兵衛・七九郎雇い人夫の数の増加が急激で、この日から二千人台に入った。

幕府普請役から、勘定奉行の梶野が二十七日に普請所にやって来ると話があった。

――梶野は急な御用で十九日に江戸に帰っていた。急な御用の内容はわからないが、その中には十七日の崩れた箇所についての協議も含まれていたと思われる。――

同心の加藤は、明日の神田明神の祭礼に酒井雅楽頭の門前に出役するように命じられた。

――神田明神は江戸の総鎮守で、その祭礼は山王権現と隔年で行われたが、将軍の上覧に供する豪壮なものであった。この年は祭礼の年にあたり、九月十五日に行われる予定であったが、十六日に庄内藩の竹内のもとへ届いているように、将軍家で誕生したばかりの若君が逝去したため、二十五日に延期になっていたのである。――

出役に際して、「見物人の中には制禁の衣類を着用する者もいるだろうから、格別目立つ者は召し捕るように」と町奉行の鳥居より指図があった。

〈九月二十五日〉

今朝は快晴であったが、朝飯後より追々雲が出た。四つ時過ぎより西風がかなり強くなったが、八つ時ごろより追々弱まった。全体に曇っていたが薄かった。今朝は水霜ではなはだ寒かったが、四つ半時ごろに暖かな方になった。夜中になって晴れ上がり、星がおびただしく出た。

昼ごろに羽織を脱ぎ、夕方普請所に出る際は綿入れに袷羽織にしたが、風のために暑くはなかった。風が静かになった後は少し暑かった。帰宅後はやっぱり綿入れを二つ着た。

富士山がとりわけ近くにはっきりと見え、筑波山よりもかえって近く見えた。竹内は、江戸でもこのように見えることはないと感動した。

この日、狩川通中島村（現山形県余目町）の曽兵衛が病死した。火葬にしたいと場所奉行の辻より申し出があり、先例のとおりに取り計らった。竹内は年齢が二五歳と聞いて、「むごく候」と日記に記した。

庄内人夫のうち普請に支障のない者たちが、幕府勘定の渡辺に断って鯉や鯰取りをした。しかし取れなかった。

竹内はこのように記しているが、大庄屋の久松は、雑魚取りを申し付けられ、八郷通から人夫五人ずつ出してたくさん取ったと日記に記している。両者の記述に食い違いがあるが、取った雑魚は庄内人夫に渡され、大振りの魚は役人に届けられているので、この印象の差であろうか。

〈九月二十六日〉

今日もよい天気であったが、四つ時過ぎより追々雲が出て時折曇った。風は東風であった。朝飯後は寒かったが、昼ごろより暖かくなり、竹内は羽織を脱いだ。夕方普請所に出た際は風があったため昨日と同様の着衣にしたが、少し暑い方であった。七つ半時過ぎにちらちらと雨が落ちたがすぐに晴れた。暮れ過ぎにまた気持ちよい夜となり、暖かな方であった。帰宅後は綿入れ一つにし、夜に入って重ねた。

中川通の肝煎らが庄内人夫二〇人の帰国願いを大庄屋に出した。これらは長い間病気で床に臥せていた者たちで、帰国願いの理由を次のように述べていた。

病気の療養中は、いろいろな物を下され、昼夜の別なく医師が面倒を見てくれて、その仁恵には感謝している。お陰で快方に向かい、何であろうとも働かなければならないが、病気後なのですぐには無理である。

こうした働けない者を長々と置いては恐れ多いので、それぞれに聞いたところ、帰国が許されるならば、少々日数は掛かるだろうが何とかして歩いて行きたいということであった。後ですべての庄内人夫が普請所を引き払う際に一緒に帰国すればかえって迷惑をかけるし、十月一日は小雪で、程なく雪となってさらに難しく、今が最もよいと医師衆も話しているので認めてほしい。

朝六つ時ごろ、雇い人夫として庄内藩の持場で働いていた江戸下谷御切手町の久蔵が病死した。そこで、人夫雇い方引受人の七九郎や人夫頭で下野国小山宿の仁太郎らが埋葬したいと柏井村に願い出た。願いは受け入れられ、久蔵は宇那谷村（現千葉市）の真言宗大聖寺の引導によって墓地に埋葬された。

この日、勘定吟味役の篠田が庄内藩の持場に来た。

江戸では、老中の水野が普請がすべて完成したならば検分に出るつもりであると町奉行の鳥居に語った。

庄内藩副奉行いまだ来らず

〈九月二十七日〉

朝はちらちらと雨が落ちたが全体に曇りで、五つ時過ぎまで雲があった。四つ時ごろより晴れ上がり、上々の天気となった。

朝は格別寒かったので、竹内は昼過ぎまで綿入れ二つに綿入れ羽織を着た。日の照る場所は暑いようなので、夕方普請所に出た際は給羽織にした。風は西風であった。暮れ前より涼しくなり、帰宅後は綿入れ二つに羽織を着た。夜中もよく晴れた。

この日、阿蘭陀水車という水替え道具の雛形を持参した者が二人いた。加賀の者ともう一人は越後の者であった。幕府の掛り役人もこの道具を見たが、名は蛇腹と言ってきわめて面白い工夫であった。

幕府勘定組頭の金田の工夫による方法で水面から高台に土を揚げることになったが、竹内は疑わしく感じた（具体的な方法はわからないが、二十八日の記述によると綱を用いるものであったようだ）。

幕府小人目付の鈴木三左衛門から、目付の戸田が二十四日に駿府町奉行を申し付けられたと聞いた。

戸田は、町奉行の鳥居、勘定奉行の梶野、勘定吟味役の篠田とともに六月十日に普請掛りを命じられた幕府側の責任者の一人だったが、八月十一日に江戸に帰ると再び普請所に来ることはなかった。常駐同様の心得で折々現場を見回るのが戸田の職務だったから（六月十三日）、それを考えると江戸にとどまったままというのはどういうことなのだろうか。八月三十日に目付の榊原がこの普請御

用を命じられているが、これにより戸田が掛りを御免になったということはなかったようで、竹内は目付が二人になったと理解している（九月五日）。榊原が掛りとなったのは鳥居との関係からであったと考えられるが、戸田はお手伝い大名に大金を費やさせるのは幕府のためにはならないので早々にやめた方がいいと評定所で語ったというので、こうしたところが影響しているかもしれない。

また幕府普請役の篠崎藤右衛門からは明後日に金田が再度大谷川の検分に出かけると聞き、竹内はいよいよ普請の計画が立てられるのかと感じた。

普請費用の見積もりはまだできていなかったが、是非とも夜中までに差し出すようにとのことであったので、夜に入って留守居の矢口が花島村の篠田の旅宿に持参した。この内容が閏九月三日の項に記されているものであろう。

〈九月二十八日〉

今暁八つ半時ごろに地震があった。今朝は曇っていたが、追々東風が強くなって晴れ上がった。朝のうちは少し暖かな方であったが、風が強くなるにつれてかなり寒くなり、終日綿入れ二つに綿入れ羽織を着た。夕方普請所の見回りの際は綿入れ一つに袷羽織にしたが、寒すぎた。六つ半時前にまた弱い地震があった。夜中に風がやみ、掻巻を纏った。

今朝、十日町（現鶴岡市）の弥惣（一八歳）が傷寒（腸チフス）で病死したと場所奉行の辻より申し出があった。ほかに傷寒を煩っている者が二人いるということで、竹内はこの病人を収容して養生する小屋を一つ建て、根太を高くし、障子を入れ、畳を敷くように指示した。別の小屋で養生すれば病人のためによいし、ほかの農民に移る気遣いもないというのが理由であった。

この日、勘定奉行の梶野が庄内藩の持場に来て野馬越の普請所を検分した。

幕府勘定組頭の金田の工夫による方法でこの日も取り掛かったが、綱が度々切れて一向に捗らなかった。結局は背負って土を運ぶしかないということになり、はなはだしく不評であった。竹内は、まずは見合わせになるだろうと感じた。

夜四つ時ごろ、江戸から飛脚が着いた。日光准后が昨二十七日に薨御したため鳴り物が三日間の停止となったが、普請はかまわないということであった。

副奉行の黒崎の体調がまだすぐれず、代わって都筑が来月三日ごろに普請所に来て竹内と交代すると申し出ており、まだ伺いが済んでいないけれども、そのように心得るようにと江戸から知らせてきた。竹内はこの内容に釈然とせず、「甚不審之文通」と御用留に記した。都筑からも書状が届き、来月三日に江戸を出立するが、短日ということで途中船橋に一泊し、翌四日に普請所に着くつもりなので、江戸へは五日出立の心得でいるのがよろしかろうと知らせて来た。


竹内は基本的には江戸にいて、御用の手があいた時に普請所に行くことになっていた。それが持場の受け渡しに立ち会うために急遽出役するはめになり、しかも普請がはじまると八月いっぱい、ないしは九月上旬までは在留せざるをえない状況になってしまった。この間一度江戸に帰りようすを報告したいと要望を出したが、江戸屋敷からは普請所にとどまるようにという指示であった。こうして江戸に帰る機会は遠のいてしまった。それに、八月十八日には勘定奉行を兼ねる町奉行の鳥居

が普請所にやって来たのでなおさらである。九月十一日に鳥居が江戸に帰るとようやく環境が整ったが、交代の黒崎の体調がすぐれないために延ばし延ばしになっていたので、竹内はいらいらしていたのであろう。

〈九月二十九日〉

今朝は曇りで、東風が追々強くなった。雲はますます厚くなり、風はかなり冷たく、これまでにない寒さであった。暮れ前より雨になり、夜中も降った。夕方普請所に出た際は、綿入れ二つに給羽織を着たが暑くはなかった。夜中は掻巻を纏った。

場所奉行の辻から、広野新田村（現遊佐町）の清五郎（五五歳）が傷寒で、平津新田村（現遊佐町）の藤十郎（四八歳）が痢病でそれぞれ病死し、火葬にしたいと報告があった。昨日も病死者が出て、病人を収容する小屋を建てるように指示したばかりの病死であったから、竹内は「不憫なことだ」と二人の死を哀れんだ。

病死者が続いたので、大庄屋から八郷通へ、何村の誰が何月何日から何という病気になっているか今日中に調べるように指図した。

秋月藩では、副奉行の梶原廉右衛門が未（午後二時）の刻に病死した。五八歳であった。梶原は、痢病のためにこの月の九日に江戸に帰っていた。

幕府徒目付の行方源兵衛に代わり、菊地大助が庄内藩の掛りになった。また幕府小人目付の小島東作が痢病のために江戸に帰った。

――小島は九月六日に庄内藩の医師から薬をもらって痢病が全快したお礼に薬代を持ってきた人物であるが、その後再発したのであろうか。

この日、町奉行所与力の原善左衛門が江戸に帰った。

第五章　閏九月・老中水野の罷免とお手伝い普請の終わり

一　老中水野の罷免

恐ろしき風

〈閏九月一日〉

雨が上がらず、今日も終日少しも晴れ間がなく降り続いた。朝より暖かな方で、夜中などは羽織を脱ぐほどであった。風は一向になく、東風で、夜五つ時（午後八時）ごろよりかなりの風が出た。

雨天のため普請は休みとなった。この雨で元小屋に水がたまったので、水抜きを掘ったが平地のために効果がなく、床上にはならなかったが、床下は一面水となって大難儀であった。

八月より体調を崩している取次の石原斎宮から、追々快方に向かっているが、長々と小屋にいるのは恐れ入るので、江戸に行って養生したいと申し出があった。竹内はそのとおりに養生を申し付けたが、屋敷替えによって長屋がどのようになっているのかわからなかったから、明日飛脚を出して江戸屋敷に伺うことにした。そのうえで出立の日を指図するようにした。

この日、先月二十三日に幕府徒目付の大橋一九郎からあった通達に対する問い合わせの回答があった。大橋からの通達は、

①町奉行、勘定奉行、目付、勘定吟味役が普請所に着いてはじめての見回りの際、藩の重役衆は持場の境で出迎えて持場の境まで見送るように

②元小屋の見回りの際は門前まで送迎するように

といった内容のもので、留守居の矢口は確認のため二十七日付で次のように問い合わせていたのであった。

梶野様がはじめて見回った際は場所奉行の者が持場の境で出迎えて持場の境まで見送り、元小屋へ立ち寄りの際は槍持身分の者が門前まで送迎し、詰め合いの重役をはじめ士分の者がお会いした。鳥居様や榊原様のはじめての見回りの際も同様の送迎をしたが、このような心得でよろしいか。

この日の回答では、持場の境の送迎は場所奉行衆をはじめ掛りの主だった者とし、元小屋の見回りの際は詰め合いの重役衆をはじめ門前まで送迎するように、ということであった。

はじめての見回りに際しての対応ではあるが、七月六日に幕府勘定組頭の白石十太夫から渡されたものと比べると内容がきびしくなっている。普請中に町奉行らが交代する可能性はあるので、そこ

で心得としてこのような通達を出したのであろうか。

今暁、同心の大沢が印旛沼の普請所に出立した。それと入れ替わるように、同心の植木が江戸に着いた。

〈閏九月二日〉

昨夜も大雨で暖かく、今朝も大雨であった。朝から東風がかなり強かったが、五つ半時ごろに西風に変わってはなはだしい烈風となった。半時ばかりで追々静まり、雲が吹き払われて上天気となった。夕方などは大いに静かになったが、それでも夜中もやまなかった。夜中も晴天であった。全体に暖かいので羽織などは着なかったが、夜に入っても同様であった。夜中は夜具、掻巻を用いた。

大風雨のため普請は休みとなった。

烈風で元小屋の小屋という小屋の屋根がはがされ、半潰れになった小屋もあって、大騒ぎになった。ほかに野馬越や柏井にあった小屋が潰された。竹内は、この日の烈風について「誠ニ恐敷風也」と日記に記した。一方、検地方の藤兵衛は、下総国では五十年来の大風で堀割の周辺では多くの家が潰れたと聞いた。

普請は休みになったが、弁天では水が溢れたため、場所奉行の辻や郡奉行の山岸らが人夫を出して手当てした。幕府側からも勘定の渡辺や普請役が出役した。辻らは暮れ前に戻ったが、おびただしい水であったと語った。

夜の五つ時ごろ、江戸から飛脚が着いた。雨天続きのところへこの強風で、大殿が普請所のようすを大変心配しているので、詳細を知らせるようにという内容であった。竹内はすぐさま場所奉行の辻にしたためさせ、半時後に飛脚を出した。

一昨日の二十九日から降り続く雨、それに昨夜の大雨と今暁の強風はほかの藩にも大きな影響を及ぼした。鳥取藩の持場では、庄内藩の持場から大量の水が持場境の締め切りを押し流して流れ込み、堀割が満水となってしまった。深さは六、七尺にもなり、崩れた箇所もあって普請ができない状況であった。小屋の被害も大きく、元小屋内で桁行二六間×横二間の足軽小屋が半壊し、人夫小屋では桁行一六間×横四間の小屋一六棟と桁行七間×横二間の小屋一棟が全壊した。それと、持場に立ててあった葵の紋が入った二幅の幟二本と丸角の印が入った一幅の幟一本が吹き飛ばされてなくなった。

秋月藩の持場は、大風雨のために堀割に大量の土砂が流れ込んで九月四日と同様の大きな被害を受けた。

この日、櫛引中島村（現山形県羽黒町）の茂左衛門（五一歳）、阿部興屋村（現鶴岡市）の定助（四一歳）、平津新田村（現遊佐町）の源七（三四歳）が痢病や傷寒のため相次いで病死した。中でも定助は、八月二十日に発病してから一か月以上にわたって痢病と闘っていた（九月四日）。一日のうちに三人も病死したことから、竹内は「何とも困入候」と困惑の態であった。このほかに一人が「中症」になっており、保命は難しい状態にあった。

竹内の憂鬱

〈閏九月三日〉

夜中から寒く、朝のうちも寒いので羽織を着た。上天気で、南風になり、夕八つ半時過ぎにはかなり強く吹いて寒かった。夜中は静かになった。夕方普請所に出た際は綿入れ一つに袷羽織にした。風のない所は暑くて少し汗ばんだが、風が強くなってからは暑くなかった。夜中は掻巻、夜具を用いた。

鳥取藩との持場の締め切り箇所が昨日切れたため、庄内藩の持場の水が引いてよい状態となり、柏井辺りでは水底も掘ることができた。また強風で潰れた小屋の後片付けをした。

庄内藩の担当であった幕府徒目付の行方源兵衛が江戸掛りとなり、代わりに菊地大助という徒目付が来た。また普請役の小林大次郎が今度勘定奉行の梶野付きとなって明日から馬加村へ行くことになり、代わりに林敬三郎という普請役が担当となった。

副奉行の都筑は今日出立するはずであったが、昨朝の大風雨で往来がおぼつかないので見合わせにしたと昨夜江戸屋敷から知らせがあった。竹内は、「今日は上天気なので、その気になれば先触を改めて出すことができるのに、随分性急な処置であり、諸事について江戸表の考えはわからない」と憤慨している。これでまた江戸に帰るのが延びてしまった。

普請を十一月までに完成させるようにと申し付けられたので、百川屋、新兵衛・七九郎にその趣を伝えたところ、両者から完成の見通しについてそれぞれ書面で申し出があった。

百川屋は、担当している持場の五七番杭下七〇間三尺目より六四番杭下四九間までの東西両側切り上げ土取り除きと水中堀割の完成の見通しについて、それぞれ一日二〇〇〇人ずつで雨天を除いて日数一三日と八〇日としていた。

新兵衛・七九郎は、二〇〇〇人余の人夫を投入して精励しているが、高台の難場のためにこれまでの人数では年を越す見込みで、そこへこの度十一月までに完成するようにときびしく申し付けられたので、追々人数を増やして閏九月十日までに五〇〇〇人余にしたいとしていた。しかし水中については、三丈余も掘り込まなければならないので予想がつかないと理解を求めている。

庄内藩ではこれらを次のようにまとめ、先月二十七日の夜に留守居の矢口が勘定奉行の梶野の旅宿に持参した。

普請の完成時期を申すように達しがあって取り調べたところ、高台の切り上げは莫大で、これまでも人夫を追々増やして日々働かせているものの、いまだ完成には至っていないが、取り急ぐということなので幾重にも精励して十一月中に完成するようにしたい。

しかしながら、土質が悪い場所があって、そのうえ水底三丈余も掘らなければならない難場で予想がつかない。また人夫をさらに多く増やしても足場が行き届かず、かえって混雑して進捗しないように思われる。これらについて前もって承知しておいていただきたい。

秋月藩では、病気になる掛り役人が相次いだ。特に小奉行役がひどく、山本照太郎は軽い痢病で体調が思わしくなく、大久保次郎三郎は病後で気力がなく、伊藤四兵衛は熱があり、美根亮市は痢病で苦しんでいた。小奉行役は五人であったが、四人までがこのような状態で勤めに支障が出たので、応援として二人を早急に遣わすように江戸屋敷に飛脚を出した。また、担当していた幕府支配勘定格の大竹が鳥取藩の持場へ移動を命じられたので、秋月藩では完成するまでとどまってほしいと願い出た。幕府としては、秋月藩の持場は完成の目途がついたので、化灯土で悩んでいる鳥取藩の持場に力を入れるための措置であった。

結局は兼ねることになったようである。

この日、同心の加藤は、今月分の普請所手当として同心の小林分と合わせて金一一両を受け取った。ほかに筆、墨代などの費用として金二分二朱と銭四一六文、手先の雑用手当前借金一〇両、囚人送りの費用金三両一分二朱と銭二〇〇文を受け取った。

〈閏九月四日〉

今日も上天気で、南風であった。夕方はかなり強くなったが、暮れ前よりやんだ。今朝は寒く、羽織も着た。夕方普請所に出た際は、綿入れ一つに袷羽織にした。暮れ前など涼しすぎるほどであった。

今朝、昨日の都筑の出立延期を知らせる先触の追触が届いた。竹内は、よほど腹に据えかねてか、「昨日の上天気で延期とは埒もないことで、一昨日の昼であれば昨日の上天気がわかったものを、朝飯後のまだ風が静かにならないうちに追触を出したのは騒ぎすぎだ」と日記に記している。

梶野が普請所に来て、野馬越の小屋で昼飯にしたいという申し入れがあったが、一昨日の大風で小屋が潰れた旨を話して丁重に断った。庄内藩では、明日一六人の屋根葺師を出して小屋を修理することにした。

庄内藩の持場は、庄内人夫一〇二五人、百川屋雇い人夫二三八五人、新兵衛・七九郎雇い人夫二九九八人の合わせて六四〇八人が出て、六千人台に入った（以後、普請の任が解かれるまで毎日六千人台の人夫が堀割にひしめくことになる）。

〈閏九月五日〉

今朝は本霜でかなり冷え込み、快晴であった。朝飯後西北の方で二、三度雷鳴がした。このころより風や雲が少し出るが、雨天にはならなかった。風は南風で、朝飯後にかなり出て、夕方八つ時ごろにはさらに強まって砂を吹き立てるようになった。それはまるで庄内の吹雪のようで、もっての外であった。夜中も大風であった。昼ごろより雲が吹き払われ快晴になり、大いに暖かかった。夕方普請所に出た際は昨日と同様の装いにしたが、寒い方であった。帰宅後も羽織を着た。さりながら今朝とは違って寒くはなかった。夜中は掻巻、夜具を用いた。

昨日江戸を出立して船橋に泊まった交代の足軽四～五人が朝飯後に着いた。竹内が副奉行の都筑の出立について聞くと、今日ではないかということであった。昨日は上天気にもかかわらず出立せず、しかも出立についての御用状もないので、竹内は「ふしぎの振舞」と嘆いた。

昼過ぎになって、都筑の今日出立の先触が届いた。「あてにはならないが、いずれ明日には着くであろう」と竹内は日記に記したが、江戸屋敷に対する不信感は解けなかった。それでも都筑が着けば明後日の出立となるので、明日は江戸へ帰る準備で普請所には出られないだろうということから、幕府勘定の渡辺に会って暇乞いをし、これまでの礼を述べた。その場には、庄内藩を担当していた徒目付の菊地大助、小人目付の鈴木三右衛門、それに普請役の篠崎藤右衛門と林敬三郎がいた。

この日、江戸に帰った勘定方の加藤昇三郎に頼んでおいた鉄製の杖が届いた。きわめていい出来栄えで、竹内は満足であった。

庄内藩の持場には、庄内人夫一〇四九人、百川屋雇い人夫二四六九人、七九郎・新兵衛雇い人夫三一八〇人五分の合わせて六六九八人五分が出て、七九郎・新兵衛雇い人夫が三千人台となった。

庄内人夫に、一人二合ずつの酒が下された。

鳥取藩で、痢病で苦しんでいた小奉行の浅岡八十八が御役御免となった。


浅岡は一度御役御免願いを出しているが、藩からは江戸に帰って養生して快方したらまた普請所にまかり越すようにと申し付けられていた。それで、さまざまな治療を試みていたが、一向によくならなかったので、今回再び御役御免願いを出してようやく御免となったのである。

竹内、江戸へ帰る

〈閏九月六日〉

昨夜五つ時過ぎより追々風が静かになってやんだ。今朝も静かで上天気であったが、かなり寒かった。西北の風で、昼過ぎに少し強まったが、まもなく静かになった。そのころ雲が少し出て寒くなったが、すぐに晴れた。今晩も涼しく、掻巻、夜具を用いた。

副奉行の都筑が朝飯後に着いた。いよいよ交代になるので、明日元小屋を出て新宿に一泊し、明後日の八日に江戸に帰るように先触を出した。

郡奉行の山岸に目付役が仰せ付けられたので、山岸を呼び出し、都筑を同道して申し渡した。もっとも上下の用意がなかったので、野袴で出るように達した。山岸は八月二十七日に養生していた江戸で病死した加藤九助の代わりで、この役は幕府に届けなければならなかった。

病気で体調を崩していた取次の石原の長屋が決まり、いつでも出立して江戸に帰るように都筑から石原に達した。

この日、庄内人夫に付き添って普請所に来ていた肝煎の喜四郎らが出していた金四〇両の拝借願いが受理された。

喜四郎らは、病気の庄内人夫に体力をつけさせようと栄養のある食べ物などを買って与え、早く治るように介抱していた。ところが、あまりにも病人の数が増えたため手持ちの金銭がなくなってしまった。そこで、拝借を願い出ていたのである。

このころの大風雨で沼津藩は水が落ちないために普請が休みで大難儀し、秋月藩は金三〇〇〇両くらいの手戻りになり、貝淵藩と鳥取藩は普請所が崩れて大難儀しているということであった。

沼津藩の持場は、現在の勝田川、高津川、桑納川が流れ込み、しかも印旛沼が満水状態にあったために水が引かなかったのであろう。秋月藩の持場は、江戸湾に流れ込む大量の水で完成間近の堀割が大きな被害を受けた。貝淵藩と鳥取藩の持場は掘り下げなければならなかったから、その部分が崩れたのである。

〈閏九月七日〉

上々の天気で、風もなかった。朝は霜で、かなり冷えた。

竹内は五つ時（午前八時）前に元小屋を出立して江戸に向かった。二か月半ぶりであったから、総奉行の立場はともかくとして、心は天気と同じであった。

途中新宿に一泊する予定であったが、あいにく幕府の役人が泊まっており、ほかに旅籠がなかったので、やむなく千住まで足を延ばし、暮れ少し前に着いた。

この日、普請所では、椀木代村（現櫛引町）の彦左衛門（五一歳）が病死した。遺体は土葬となった。

江戸では、勘定奉行勝手方の井上備前守栄信と勘定吟味役の根本善左衛門が御役御免となった。

――その理由について、自宅で風聞調べをしていた同心の加藤は江戸・大坂一〇里四方上知調べの件と記している。

加藤は、手先の平助に代わって定回り手人の金次郎に明朝印旛沼の普請所に出立するように申し付けた。

〈閏九月八日〉

今日も上天気であつた。

竹内は、五つ時ごろに千住を出立し、直ちに下谷の下屋敷に赴き、大殿にお目通りしてご機嫌伺いをした。そこへ殿が入って来たが、ゆっくりと話をしたいと、明後日の十日夕に来るように申し付けられた。その場で、老中の水野がこの月の一日より風邪気味で引き籠もっていたが、一昨日ごろよりは疝気も出て病気は軽くなく、もはや勤めができないという噂があると聞かされた。竹内は、お家だけでなく、天下のためにも幸甚で恐悦至極と雀躍したい気分であった。ほかに、一昨日勘定奉行の井上と勘定吟味役の根本が御役御免となったこと、昨日上知令が中止になったこと、今日老中の堀田備中守正睦が御免になったことを聞かされた。

その後、下屋敷を出て、昼前に神田橋の上屋敷に寄り、七つ時ごろに自分の長屋に着いた。

この日、普請所では、木野沢村（現山形県立川町）の六之助（六一歳）が病死した。

庄内藩の持場には、庄内人夫九八三人、百川屋雇い人夫二五五六人、七九郎・新兵衛雇い人夫三四一五人の合わせて六九五四人が出たが、これが普請中で最高の人数となった。

同心の加藤は、与力の佐久間から小普請組の石河疇之丞ほか四人の風聞について聞いた。その石河は、同じ日、書物奉行の渋川から町奉行の鳥居、目付の榊原、それと渋川のところへは出入りしないようにという内容の書状を受け取った。

――鳥居らは老中の水野が推進した上知令を支持していたが、このころになると形勢の不利を悟って水野を裏切り反対派に寝返っていた。それで反対派を探るために使っていた石河を遠ざけたのである。

〈閏九月九日〉

（竹内の日記には、この日から再び普請所に赴く前日の二十三日までの記載がない）

竹内は、目付役が加藤から山岸に代わったことを老中と勘定所に届けるため、届け書をしたためるように留守居右筆に命じた。

留守居の大山が、この日聞いた話として、印旛沼の普請が差し止めになる模様で、常陸大谷川の堀割も沙汰やみになるようすという情報をもたらした。

庄内人夫に、一人銭一〇文ずつの肴代が下された。

秋月藩では、流行していた痢病にかかって養生していた郡方の牧庫助が病死した。牧は死ぬ前に、病気が一向によくならないので、家の行く末を気遣って、もし自分が命を落とした時は家族が路頭に迷わないようにしてほしいと藩に願い出ていた。

勘定奉行梶野の書状

〈閏九月十日〉

副奉行の都筑のもとに、普請所において老中の水野のことについてかれこれ言わないようにと飛脚を出した。

この日、普請所では、荒瀬郷上福山村（現山形県八幡町）の甚吉（六三歳）が病死した。お悔やみとして、山浜通代官手代の渡会久右衛門から金二朱、荒瀬郷新田目組の村役人と人夫から銭二〇〇文が寄せられた。それに、藩から葬礼代として金三分・銭一六三〇文が下され、横戸村明星寺の引導により土葬になった。

庄内人夫に、鯨、牛蒡、葱がたくさん下された。

勘定奉行の梶野は、今後の普請のあり方について勘定方で考えた案を書状にしたためて鳥居のもとに送り、榊原を加えた三名の連名で老中に進達しようとした。その書状の要旨は次のようなものであった。

この段階の普請所全体の模様について勘定方の掛りに尋ねたところ、それぞれ見込みを申し出た。多少の異同はあるものの、これまでの仕法のままではお手伝い方が難渋するだけで完成はおぼつかない。堀割は五分余の出来になったが、この二日の大風雨による被害が大きく、とても十一月中の完成は難しい。しかも追々日が短く、寒涼に向うので、人夫は病気や嫌になったりするであろう。
　こうした趣意から、お手伝い方の場所仕立を免じて費用を負担する普請とし、川下から順々に掘り、臨機によく工夫すれば、少し時は移るけれども完成させることができるし費用も減らせる。そうでなければ、お手伝い方の財政が窮迫しているうえに、見積もりのほかに臨時の費用がかさんで出金高に際限がなくなってしまう。そうなるとどのような差し支えが出るかわからない。殊にお手伝い方の在所からの人夫（庄内人夫のこと）の中には、風土が変わって死亡する者がいると聞く。容易ではないことなので、いずれにしても向寒という趣意から、お手伝い方の家臣や人夫を引き払わせ、幕府の普請とするのが仁恵と存ずる。そこで「鳥居甲斐守、榊原主計頭江茂及談判」、このことを伺いたい。

　この伺い書には、お手伝い方に渡す場所仕立御免の文案、支配勘定の横田源七の見込書、それに勘定組頭の白石、勘定の渡辺、支配勘定格の大竹、普請役の田口桂之丞、同じく猪股英次郎の見込書五冊が添えられていた。

現場にいた勘定方の役人は五藩による普請には批判的であった。五藩にとってみれば、自分の持場が完成すればよいのであるから、ほかの藩の持場が差し支えになろうとも掘り進めることは勝手であった。それで、競うようにして四藩の持場が完成したとしても、支配勘定の横田が竹の樋を作るのに一〇〇節のうち九九節を抜いても一節が残れば完成とはならないと見込書で述べているように、一藩の持場が残ってしまえば同じ理屈であった。こうしたことから、勘定方の手によって、海側の下流から順番にやるのが最もよい方法であると提案したのであった。

〈閏九月十一日〉

竹内は、老中の水野が復活する可能性もあるので安心しないようにという話を聞いた。同心の加藤は、小普請の石河ほか四人の風聞書を町奉行の鳥居に差し出し、明日普請所への出立を申し述べた。

この日、寺社奉行の阿部伊勢守正弘が老中の堀田の後任となった。また勘定奉行の戸川播磨守安清が公事方から勘定方に移った。

〈閏九月十二日〉

老中の土井利位より老中の水野に勝手掛り辞任の願書を出すように催促したということを聞いて、竹内はいよいよ御免に相違ないと感じた。

庄内人夫に、傷寒が伝染しないという薬が下された。

今暁七つ時、同心の加藤は同役の植木とともに江戸を出立し、八幡で昼飯を食べて、夕七つ時に旅宿としている萱田村の孫右衛門方に着いた。それと入れ替わりに同心の小林と五島が船橋泊まりで普請所を離れた。

加藤は、昨日町奉行の鳥居から次のような話を聞いた。「印旛沼の普請は費用が多分に掛かり、お手伝い大名方がひどく難渋している。そこで堀床をさらに狭めた見積もりをし、大名方は普請所を引き払い、幕府の普請にして完成したならばお手伝い方より出金させる計画を立てるように老中の土井から沙汰があり、勘定組頭の白石には伝えてある」というものであった。

水野の罷免と怒る民衆

〈閏九月十三日〉

老中の水野が、国政に不正があったという理由で御役御免となった。

これを聞いた竹内は、誠に天下の大幸で恐悦至極と雀躍し、「もはや尾羽を延ばせる世の中になり、これ以上の国家の幸甚はなく、この歓喜は筆や紙ではとてもあらわせない」と興奮した。それは、これまでの水野への鬱積した思いを一遍に爆発させたような気分であった。

この日、普請所では、石辻村（現遊佐町）の長次郎（四二歳）が病死した。

同心の加藤は、与力の原、同心の大沢、植木とともに沼津藩の持場を見回った。

夕七つ時ごろ、庄内藩の人夫小屋で火事があった。この火事で、北柏井村に建っていた九棟のうち、四間×三〇間の小屋が四棟焼失した。ほかに人夫たちが借り受けていた三間×一〇間ほどの小屋も焼失した。火事の届け出は翌十四日に庄内藩留守居の矢口からあり、原、加藤、植木の三人が検分にあたった。

加藤の日記では庄内人夫の小屋が出火場所となっているが、実際は七九郎・新兵衛雇い人夫の小屋で、この小屋は北柏井村ではなく横戸村にあった。

火事は、庄内藩の元小屋内にあった庄内人夫の小屋からもよく見えた。庄内藩では、見たとおり「おそろしき事」ということで、今晩からさらに火の元に念を入れ、火の番は夜通し勤めるようにと八郷通へ達した。そして非常の際は、中川通二〇人、櫛引通二〇人が竜吐水場に詰め、ほかは右往左往しないでそれぞれの小屋の火の元に念を入れるようにと指示した。

庄内藩の小屋で死亡した者がいるという噂を聞き調べると、国元から出てきた人夫が八月下旬より追々痢病になり二〇〇人ほどが患い、うち一三、四人が病死し、家臣も六、七人病死したということであった。

> 加藤は、江戸での風聞とは違うと記している。おそらく、江戸では病死者が大勢出ているという風聞が流れていたのであろう。

遊佐郷から来ていた庄内人夫の中で、普請の任が解かれるまでに一日から最長で五五日の病気になった者が一九二人に達した。

> 遊佐郷からは二九〇〜三〇〇人が来ているので、六五パーセントが病気になった計算になる。遊佐郷だけでこのようであったから、庄内人夫全体の病人の数は推して知るべしである。そして、病人のうち七人が病死しているが、これは病死した庄内人夫の三六・八パーセントにあたり、八郷通の中で遊佐郷の死亡率が最も高かった。

加藤は、庄内藩の持場に水替え用の阿蘭陀水車ができたが、役には立たないだろうという話を聞いた。

〈閏九月十四日〉

竹内は、昨日老中を御役御免となった水野の屋敷で起きた騒ぎを次のように御用留に記した。

大勢の町人体の者が門前に押しかけて悪口雑言を浴せ、暮れ過ぎより辻番所を打ちこわし屋敷内に石など投げ込み誠に騒々しくなった。近辺の屋敷は人数を出して固め、町奉行の鳥居が出張してようやく人々は引き取ったが、いずれも火事装束であまり見ない珍事である。

この日、江戸新両替町名主の佐兵衛が普請所に着いた。佐兵衛は、水野の屋敷前で起きた騒動の顛末について同心の加藤らに次のように話した。

十三日の夜に何者かわからないが一〇〇〇人ほどが屋敷前に集まり、悪口を言い、辻番所を打ちこわしたので御頭が出張し、それに外桜田、和田倉、馬場先の門を締め切り、松平肥後守、松平玄番頭、土井大炊頭の家臣、そのほか最寄りの役人や家臣が騎馬で出て追い散らした。御頭は六、七人を捕えたが、この騒ぎは一通りではなかった。

加藤は、沼津藩を除いた四藩の持場を見回り、普請の状況をそれぞれ次のように記している。

①庄内藩の持場は、堀割の切り上げが追々できている。

②鳥取藩の持場は、崩れた箇所が所々に見えるが掘り進んでいる。土中より泥土が湧き出している場所は掘り悩んでいるが、普請役がいろいろと工夫している。

③貝淵藩の持場は、同じように掘り悩んでいる場所もあるが、鳥取藩の持場ほどではない。崩れた箇所は追々土砂の取り除きが進み、秋月藩の持場寄りは完成が近い。

④秋月藩の持場は、だいたい完成して「ジョレン」で高下を直しており、海手の方は堀割を浚っている。秋月藩では、貝淵藩の持場寄りの方が以前の大風雨で埋まる被害を受けたので、とりあえずこの部分の普請を取りやめて、海手の方に取り掛かっていたが、首尾よく捗ってこの日に浚い終わった。明日からは貝淵藩の持場寄りの方に取り掛かることにしたが、順調に行けば十七日までには浚い終わるだろうと予測した。

江戸表から与力の原のもとに、西丸老中の間部下総守詮勝が病気で出られないので、以後書類は老中の真田信濃守幸貫に差し出すように老中の土井より申し渡しがあったと御用状が届いた。

〈閏九月十五日〉

この日、勘定吟味役の篠田が職務のことを咎められて御役御免となり、小普請に入れられ、逼塞を命じられた。

――これについては竹内の御用留にも記されているが、普請の計画段階からかかわっていた篠田が処分されたことは、すでに噂が流れているように中止の方向に向かっていたようである。

普請所では、四斗入の空き樽六〇個を一二の人夫小屋に五個ずつ配り、中に水を溜めさせて火の用心とした。

病気の庄内人夫は、この日の改めでは一五四人（一一四人という記述もある）であった。これらの病人が近々帰国となれば、馬に乗せなくては付添いの村役人も不安だろうから、その策を考えるように大庄屋が八郷通の村役人に指示した。

鳥取藩では、財政状態が悪いところへ印旛沼堀割普請を命じられたため、さらに苦しくなっていた。そこで、今年と来年の年貢を引き上げることにした。そして家臣には、物入りが続いて生活に難儀しているのは承知のうえで今年と来年の俸禄を減額し、我慢させることにした。

同心の加藤らは調べ物があり、普請所の見回りには出なかった。

去る十日に勘定奉行の梶野が町奉行の鳥居と目付の榊原に連名を求めた伺い書について、その返事が来なかったので、支配勘定の横田が急遽江戸に赴いて二人に会った。返事は、「昨日、老中の土井殿から尋ねられて申し上げた書面と大同小異なので連名はいたしかねる」ということであった。そのうえで、「書面の内容はもっともであるから、梶野一人の名前で出したらどうか」と突き放すように述べた。

今後の堀割普請について、鳥居は十二日に同心の加藤に述べているが、もっと具体的に考え方を書き上げた書類があるので、それをあげてみよう。

せんだって水野殿へ申し上げたように、励ますためとは申しながら、地勢の高低や水行の順逆にかかわらず、お手伝い方が同時に取り掛かったので、相互に無益の人夫を投じて費用がかさんでしまった。そこで、堀床を七間に縮小しても、追って水勢によって両岸は広がるだろうと申し上げたところ、庄内藩の持場は土地が堅いので一〇間に据え置き、そのほかはそのとおりになった。これで掘り進めたが、順番ではなかったので、水抜きに差し支えて手戻りになった場所もあり、費用もはじめの見積もりよりもおよそ金一〇万両余も増えてしまった。

沼は浅いので、水が減れば大きな船の通行はできず、これまで沼内を往来していたのは房丁という小さな高瀬船であった。この船は、幅八尺ほどの造りであるから、水面五、六間の幅であれば往来に差し支えはない。また普請の仕法を改めれば費用が減るし、領内から人夫を呼び寄せているところは、風土の違いから殊の外病人が多く、追々死亡する者もいて不憫である。そこで、お手伝い方の場所仕立を免じて費用の負担とし、水面五間幅にして水車を設けて余計な人夫を使わず、川下から順に掘れば、日数は掛かるが費用は格別減って完成するであろう。

この文面から感じるのは、鳥居の考えは梶野と同じであるということである。それならば、梶野一人の名前で出したらどうかとは言わないで、連名にしてもよさそうなものである。三人は、この「利根川分水路印旛沼古堀筋御普請」の幕府側責任者であったのだから当然のように思われる。そうしなかった理由は、梶野や横田らの書面からよいところを拾い出し、それを自分の考えにすり替えることによって責任を免れようとしたからであろう。もし梶野と連名にすれば、この普請を推していた水野が罷免された今となっては、その責任を追及されるおそれがあった。現に、この日はもう一人の責任者の篠田が御役御免となっているのである。順番からすれば、次は梶野のはずである。

秋月藩の持場完成

〈閏九月十六日〉

病気で体調を崩していた石原は取次を御免となり、いつでも庄内に下って養生するように仰せ付けられた。石原は普請所で病気となり、江戸での養生を願い出たが、長屋がなくて延び延びになっていた。この六日にいつでも江戸へ帰るようにと達しがあり、一両日前に江戸に着いたばかりであった。

同心の加藤は、庄内藩と沼津藩の持場を与力の原、同心の植木、江戸新両替町名主の佐兵衛とともに見回った。

谷津村（現習志野市）無宿の又吉が女物の衣類を着ていたので疑わしく思い、調べるように申し付けておいたところ、手先の大次郎と太郎兵衛、それと前原新田（現船橋市）の勇次の三人が船橋宿で召し捕えて萱田村の旅宿に連れて来た。一通り取り調べると、船橋宿の所々に盗みに入ったことを認めたため、夜になって又吉を船橋宿に送って預けた。

この日の昼四つ時ごろ、鳥取藩の持場で、犢橋村内に借り受けていた長さ二〇間×幅三間ほどの人夫小屋一棟が焼失した。翌十七日に与力の原と同心の植木が検分を行った。

〈閏九月十七日〉

この日、狩川通福島村（現余目町）の喜右衛門（六三歳）が病死した。

庄内人夫に、鯡が一人三本ずつ下された。

同心の加藤は、無宿の又吉の盗み先を調べるため、同心の大沢とともに船橋宿に出役した。そして又吉を召し捕えた大次郎に金二分、太郎兵衛に金一分、勇次に金二朱をそれぞれ与えた。

秋月藩では、持場の普請が完成した。藩の掛り役人、秋月藩担当の幕府の勘定や普請役、それに勘定奉行の梶野などが、人夫雇い方引受人の孫兵衛の案内で出来栄えを検分した。この検分は仮の検分で、正式には勘定奉行を兼任していた鳥居と目付の榊原を交えた三人の検分によって完了となるのである。そこで梶野は、次のようにしたためて二人に同意を求めた。

秋月藩の持場は完成したが、すべての堀割普請が完成したわけではなく、普段は水がわずかしか流れていないので、追々土砂がたまることは間違いない。そのため早々に検分を受けたいと希望しているので、そのように取り計らいたいがいかがか。

〈閏九月十八日〉

同心の加藤は、今朝五つ時に囚人又吉を江戸に送った。その後、昼九つ時に船橋を出て、夕七つ時ごろに萱田村の旅宿に戻った。同じ時刻、手先の幸次の代わりとして平六が旅宿に着いた。

秋月藩留守居の町田善蔵から昨十七日までに普請が完成したと届けがあり、加藤は囚人の送り状に添えて御用状を江戸に出した。

勘定奉行の梶野からの書状を受け取った町奉行の鳥居と目付の榊原は、秋月藩の持場の処置について伺い書をしたためた。

自分たちが普請所に赴いて、梶野とともに検分し、仕様帳のとおりに間違いがなければ家臣や人夫に普請所から引き払うように申し達したい。地所については、私領なので差し戻すこととし、地元の村役人へ代官から引き渡してもよいか伺いたい。

〈閏九月十九日〉

与力の原、同心の大沢、植木が庄内・鳥取・貝淵の三藩の持場を見回った。

同心の加藤は、去る十五日に畑村（現千葉市）の仙蔵方へ盗賊が入って衣類等を盗み取った一件について調べるため手先の金次郎を遣わした。

大和田村名主の小十郎方より、去る十五日に上草鞋二〇〇足、中草鞋一〇〇〇足が届いたと申し出があった。

〈閏九月二十日〉

与力の原、同心の大沢、植木に江戸新両替町名主の佐兵衛を加えた四人は、沼津藩の持場を見回った。同心の加藤は、萱田村の旅宿で書き物をした。

町奉行の鳥居が、十日付の書状について勘定奉行の梶野に文中の「鳥居甲斐守、榊原主計頭江茂及談判」という文言を削除するように求め、書状を返却した。

鳥居は、この文言をそのままにしてしまうと、今後の普請のあり方について梶野とは話が通じていると認めることになり、それにもかかわらず連名に応じないというのは不自然と受け取られるのを避けたかったのであろう。

〈閏九月二十一日〉

この日、与力・同心一同は調べ物があって在宿したが、紛失物調べのため北柏井村、花島村、大和田村の名主方に手先の金次郎と平六を遣わした。

江戸から与力の佐久間が来ることになっていたが、延期の知らせがあった。

〈閏九月二十二日〉

竹内が下谷の下屋敷に行くと、普請所に永く在留し精勤であったと褒められ、紋付き上下を藩主の手みずから賜った。この思いがけない拝領物に、竹内は有り難いと感激した。

この日、普請所では、庄内随一といわれた和算家で検地方の石塚六郎兵衛（三六歳）と大町村（現酒田市）の五右衛門（五〇歳）が病死した。

庄内人夫に、棒鱈が一人一五匁ずつ下された。ほかに八郷通に一樽ずつ庄内味噌が下された。

秋月藩は、いまだに検分がなく、堀割は埋まらないように浚っているが、ほかで普請が続いているので昼夜泥水が流れ、海からは潮の干満によって泥砂が動くので、持場全体が埋まってしまうのではないかと心配している、と書状を差し出した。

検分が完了しなければ普請所を離れることはできないし、検分が延びれば書状の内容のような堀割の維持をはじめ諸費用がかさむことになるので、やきもきしていたにちがいない。十八日の動きからすれば、町奉行の鳥居はすぐにでも普請所に赴くような感じであったのに、どうしてであろうか。鳥居は、このころお手伝いの役が御免になるのを知っていただろうし、水野が罷免されて間もないので、江戸を離れたくなかったというのが本音ではなかったろうか。

江戸では、幕府勘定組頭の増田金五郎が普請の御用掛りを命じられた。

与力の原、同心の加藤、大沢、それに江戸新両替町名主の佐兵衛が貝淵・鳥取・庄内の三藩の持場を見回った。貝淵藩の持場は、秋月藩の境から天戸村の猪鼻橋までは四、五日で完成しそうであったが、それより上は完成しそうには見えなかった。

江戸の町奉行所から、去る二十日、作事奉行の石河土佐守政平が勘定奉行、普請奉行の池田筑後守長溥が作事奉行、勘定組頭の佐々木脩助が勘定吟味役をそれぞれ命じられたと知らせがあった。

二　お手伝い普請の終わり

お手伝いの任が解かれる

〈閏九月二十三日〉

老中の土井からの呼び出しでまかり出た留守居の大山が夜五つ時（午後八時）ごろに帰り、思し召しによってお手伝いの役が御免になったと申し出た。普請は幕府が引き継ぎ、出金高、家臣やそのほかの引き払いについては勘定奉行の梶野と相談するようにと達しがあった。

これを聞いた竹内は、誠に恐悦至極と大いに喜び、すぐさま急飛脚を普請所にいる副奉行の都筑のもとに出した。庄内への飛脚は明日出すことにした。

夜九つ半時（午前一時）ごろになって、下谷の下屋敷の大殿より、竹内に今晩中に支度をして朝出立するように仰せがあった。殿は就寝中で、明朝にはそのように仰せ付けられるであろうとのことであった。この夜、竹内は寝ないで支度をした。

この日、上安田村（現酒田市）の小助（六三歳）が病死した。これで庄内人夫の病死者は一九人となった。

七月二十三日からこの日までの庄内藩の人夫の延べ人数は三五万四四四三人となった。そのうち、庄内人夫が七万三二九四人、百川屋雇い人夫が一七万一一八三人、七九郎・新兵衛雇い人夫が一〇万九九六六人であった。

ほかの藩については、鳥取藩が翌二十四日まで二二万四五四九人、秋月藩が普請の完成した翌日の十八日まで一〇万六九〇八人、貝淵藩が記録が残る八月二十三日まで二万二五四人となっている。これらを合わせると七〇万六一五四人で、これに記録が残っていない沼津藩と貝淵藩の二か月分加えると一〇〇万人前後という数が予想できる。

与力の原ら四人は、この日は沼津藩の持場を見回った。

竹内、再び普請所へ

〈閏九月二十四日〉

終日曇りの天気で暖かく、夜より雨になった（竹内は日記に再び天気の記載をはじめた）。

明六つ半時（午前七時）ごろ、竹内に普請所へ出役して引き払い等の取り計らいをするように仰せ付けられたと知らせがあった。竹内は野袴のままで五つ半時（午前九時）に出仕し、殿に暇乞いをして下がった。そして、下谷の下屋敷に立ち寄って大殿にも暇乞いをした後、江戸を出立した。途中新宿で昼飯にし、夜五つ時（午後八時）ごろに船橋に着いた。

五藩の元小屋にそれぞれ江戸屋敷から知らせがあり、昼四つ時（午前十時）ごろより急に人夫が引き揚げ、休日となった。庄内藩の元小屋には明け六つ時に知らせが届き、小屋小屋からは喜ぶ人夫の声がしばらくやまなかった（庄内人夫は元小屋内で生活していたのでいち早く知ったのであった）。

麦丸村の村役人から、沼津藩の持場で働いていた武蔵国上中条村（現熊谷市）の清八の仮埋葬について幕府代官勝田の役所に届け出があった。

清八は、上野国赤谷村（現群馬県千代田村）の清太郎に従って雇い人夫となり、麦丸村に泊まって働いていたが、疫病を患い、薬用の手当てのかいもなく九月十二日に病死した。そこで、清太郎が麦丸村に頼んで弥陀堂の境内に仮埋葬していたのである。清八が病死してから一か月以上経ってい るが、お手伝い普請の任が解かれたので、後で不都合になっては困るということから届け出たのであろうか。事によると、「閏」の文字が抜けている可能性もある。なお、この時点で沼津藩の持場は四分ほどの出来であった。

秋月藩は、普請が幕府に移り、すでに持場が完成して仮の検分も済んでいるので、直ちに人数を引き払い、元小屋などを取り壊してよろしいか、持場の引き渡しは正式に検分を受けてからになるのかと伺い書を出した。これについて、後日、別段検分はないので元小屋などは取り壊してもかまわず、堀割の番杭はそのままにし、持場境の榜示杭は抜き取り、人数の引き払いは前もってその日限を届けるようにと回答があった（実際には、二十九日に検分を受けることになるのである）。

この日、普請所の与力・同心のもとへ、昨二十三日に大名方のお手伝い役が御免となり、幕府が普請を引き継いだという知らせが届いた。それと、「川幅」を縮小するようにと同じ日付で老中の土井からの申し渡しも届いた。

夕七つ時、同心の五島が普請所に着いた。入れ代わりに、同心の大沢が新両替町名主の佐兵衛から差し出された江戸の商人の場所引き払いについての伺い書を持ってすぐさま出立した。また手先の金次郎が江戸に帰るので、一八日分と賄い分の手当として金三両を渡した。代わりとして平助が来た。

お手伝い普請の任が解かれて普請所は慌ただしくなったが、勘定方はかやの外に置かれていた。一日待っても江戸から御用状が来なかった。お手伝い方から人夫の引き払いの届けが出されても、その取り計らいに当惑する始末であった。そこで、夜になって勘定奉行の梶野は、通達がない理由を糺す書状を町奉行の鳥居らに宛てて送った。

〈閏九月二十五日〉

朝は雨が上がっていたが、五つ時過ぎにまた降り出し、途中より雨具を用いた。夕飯後に雨は上がった。あまり寒くなかった。

七つ半時ごろに起きた竹内は、身支度を整えて六つ時過ぎに出立し、東照宮と船橋大神宮に参拝した。

東照宮は、慶長十九年（一六一四）に船橋御殿の跡地に造営された徳川家康を祀る神社である。船橋御殿は、家康が東金で鷹狩りを行う際の中継ぎの宿舎として建てられたもので、家康の死後は廃止されていた。船橋大神宮は意富比神社といい、延喜式にも見える古い神社で、天照大神を祭神とする。この神社は、文化十一年（一八一四）の序文がある十方庵敬順の『遊歴雑記』に、「南は行徳の海上より房総の海づらを一円にして眺望して、風色又類ひなし」と記されているように、江戸

――湾を一望する風光明媚な場所として知られていた。

元小屋には昼前に着いた。着くと、すぐに副奉行の都筑、留守居の矢口、場所奉行の辻がやって来た。夜中には都筑と話をした。またこの日は、普請割元の本間伊十郎も竹内と同様に出役した。

大名方のお手伝いが御免となって、普請所ではさまざまな出来事が見られた。同心の加藤は、聞き込んだ出来事を日記に書き上げた。

①庄内藩の持場では、賃金が未払いであったため、昨夜大勢の人夫が押しかける出来事が起こり、明夕までに払うことで決着した。貝淵藩の持場でも同様のことが起きたという。

②堀割の両側の村々では、農家、物置、あるいは仮小屋を建てて人夫に貸していたが、借財などがある者どもが宿代を払わずに逃げ去ったため困っている。

③普請を目当てに、堀割の両側の村々へ江戸や近在からやって来て商いをしていた者や村内で商いをはじめた者が大勢いた。それらは農家や物置を借り受けたり、家作を直したりして品物を江戸から仕入れていたが、人夫や五藩の家臣が引き払うことになって困っている。商いは居酒屋、古着屋、たばこ、荒物そのほかで、品々の仕入れ先の荷主方も困っている。

④農家や野田などで博奕が行われているので探らせたところ、上野や常陸辺り、または近村や江戸より博奕を渡世同様にしている者が入っていた。名前や住所を突き止めて召し捕えるべきであるが、人夫が追々引き払っているので、博奕が自然にやんでいるという。

⑤堀割の両側の村々には掘り上げた土の土置場となって潰れた田畑があり、代官の勝田次郎の方で調べ

ているが、お手伝いの御免によって堀割が完成しないで通船ができないのは困るし、潰れ地の土を取り片付けるにも多額の費用が掛かって自力ではできないと農民たちが嘆いているという。普請が完成して通船ができれば、印旛沼や堀割周辺では水害がなくなり、農民どもは有り難く思っていたところ、普請が中止になるようなので、一同が嘆いているという。とにかく堀割ができれば薪や炭などを出せるし、それに江戸のゴミ船が入るので、いずれも農民には都合がよく、完成を願っているという。

⑥「川幅」を縮小した普請の費用の見積もりをするように仰せ渡されたが、高台・花島辺りから東金橋までの場所は完成しないという風聞があった。高台は水下が三丈余で、地上までは七〜八丈ほどになるので、「川幅」を狭くすればすぐに埋まるという。花島・東金橋辺りは化灯土が多く、掘り下げると、その場所へ泥砂が押し出されて一夜のうちに元のようになるので、「川幅」を狭くしては完成しないという。また堀割は、「川幅」にかかわらず崩れた箇所ができてもそのままにしておき、自然に広がれば完成するのではないかという風評もある。これには費用が多分に掛かり、差し当たっては見極めができないと聞いた。

堀割に溺死人が浮かぶ

〈閏九月二十六日〉

雲はあったが、よい天気になった。風は東風で、総じて暖かく、夕飯後より普請所を残らず回った。綿入れ一つと袷羽織で寒くはなかった。

雇い人夫が一昨二十四日に残らず引き揚げたため、庄内人夫で普請所の所々を直した。また土坪改めのため、明日から弁天下の野馬越で水車による水替えに取り掛かることになった。

勘定奉行の梶野より、この二十三日までの普請費用を取り調べて二十七日までに申し出るようにと昨夕達しがあった。これまで坪数はおおよその見積もりであったが、この度は正確に改めるようにとのことで手間が掛かり、諸雑費の明細については江戸でないとわからない分もあると留守居の矢口から幕府勘定吟味方改役の笹本に話をした。

――これは、笹本から書面で出すようにと指示があって、そのようにすることにしたが、土坪改めに取り掛かっても二十七日までにはできないので前もって話をしたのである。

普請が御免となって引き払いの計画が立てられ、家中の者は残らず江戸へ、徒目付の両人も同じで、そのほかの掛り役人は直ちに庄内に下ることにした。また元締方の役人は勘定に関係するので江戸へ行くことになった。使方や徒で庄内から直ちに普請所に来た者はそのまま下り、足軽どもはいずれも江戸経由で下るようにした。

庄内人夫については、国元から連れて来る際に伺いは出していないので、帰る際も梶野などに伺いを出すには及ばないだろうと矢口などと評議をした。そこで、庄内藩を担当していた幕府勘定の渡辺に話をしたところ、勝手次第に帰るようにとの指図があったので、二十八日、晦日、来月二日、四日と四度に分けて普請所を出立させることにし、次のように割り振った。

①二十八日は遊佐郷、平田郷の三四九人で、大庄屋の斎藤隼之助、代官手代の浅野友右衛門が付き添う。
②晦日は荒瀬郷、平田郷の三〇五人で、大庄屋の堀内蔵治、代官手代の佐藤貞治、医師の久島玄海が付き添う。
③十月二日は狩川通、中川通の三〇九人で、大庄屋の久松宗作、代官手代の上野軍平が付き添う。
④四日は櫛引通、京田通、山浜通の三五一人で、絵図師兼郡方下役の大井巳之三、代官手代の渡会久右衛門と金野喜兵衛が付き添う。

合わせると一三一四人で、ほかに一〇〇人を元小屋の後片付けのためにしばらく残すことにした。こちらには大庄屋の矢田部外右衛門、郡方下役の関口篤之助、代官手代の大滝増吉が付き添うようにした。町医師の進藤周人は病後のため後立ちになった。

一昨日の二十四日に弁天下の堀割に溺死人が浮いた。調べたところ庄内人夫ではなく、身元はわからなかった。そこで幕府役人に伺うと、発見場所が横戸村地内にあたるので、同村に引き渡すようにと指図があった。

この日の申（午後四時）の刻、鳥取藩の持場で働いていた駿河国安倍郡羽鳥村（現静岡市）の宗七が死亡した。人夫の雇い方引受人らが立ち会って遺体を改めたが、疵など不審なところがなかったので病死と断定し、北柏井村に埋葬したいという願いを出した。そこで村では、宇那谷村の大聖寺に葬礼を依頼した。

同心の加藤は、この日は旅宿で書き物をしていた。

二十四日付の梶野の書状について、町奉行の鳥居らは、書類は二十三日に老中の土井から目付の榊原が受け取ったが、あいにく鳥居が出勤しなかったので自宅へ届け、翌日鳥居が勘定所へ持参した後に出したために一日遅れになったと言い訳の書状をしたためた。白々しい内容で、梶野と鳥居や榊原の間は完全に遊離していた。

梶野は、このことや榊原がどうして普請所に来ないのか不満であった。ちょうど御用があったので、普請所のことは今日か明日に着く勘定組頭の増田に任せて二十八日ごろに出立し、話し合いたいと考えた。ところが、榊原が二十八日ごろに出立して普請所に来るようだ、と徒目付が噂しているのを聞いた。そこで、完成した秋月藩の持場の検分でなければ出立を一両日見合わせてもらい、江戸で話し合いたいと書状を出した。もし秋月藩の持場の検分であれば、自分が出立を見合わせるので知らせてほしいと付け加えた。

〈閏九月二十七日〉

曇りで、朝から暖かかった。六つ半時過ぎに南風が強まり、騒々しく、もっての外の天気になった。昼前より雨になったが、烈風のために降りかねるようであった。いたって暖かく、羽織などを脱いだ。夜中六つ時前より風が静かになった。でもやはり暖かく、掻巻は用いなかった。

竹内は、この天気のため普請所には出なかった。百川屋が人夫頭に賃金を渡さないので、人夫が人夫小屋を引き払わずにいろいろ不埒な申し立てをしていると聞いた。

今朝、また堀割に溺死人が浮いた。徒目付などに出役を命じて調べさせたが、かなり日数を経ていたこともあって身元はわからず、結局横戸村に引き渡した。溺死人が浮いた場所は、横戸村内の弁天からおよそ二〇間ほど川下の西側の水中であった。人相は、年齢が三四、五歳くらい、中肉中背で面長、髪は薄く、目・鼻・耳・口は普通で、歯は揃っていた。体に傷はなく、右足に草履を履き、木綿の紺茶縦縞に綿入れを着て、浅黄木綿の帯を締めていた。左の袂には小銭が一一文あり、腰には黒皮の煙草入れを下げていた。これにもとづいて隣接する村々にも尋ねたが、知っている者はなく、雇い人夫か見物の者が普請所に入り込み、酒に酔ってあちこち歩き回っているうちに落ちたのではないかとするのが大方の見方であった。

土坪調べのため、この日は弁天下の野馬越に水車を仕掛けて水替えをさせた。しかし土坪調べはとても今日中にはできそうになかったので、馬加村にいた勘定奉行の梶野に書面で申し出た。内容は、普請費用、そのほか諸費用の取調書を今日までに差し出すように達しがあったが、普請所が広くて数多く調べなければならないため、すぐにはできないので、暫時猶予してほしいというものであった。

庄内人夫に、一人二合ずつの酒が下された。明日から国元に帰りはじめるので、そのことと今までの普請に関する慰労の意味が込められていると思われた。

この日、秋月藩を除く四藩の留守居の連名で二通の伺い書を出した。一通は、お手伝いが御免となり、普請所に詰めている家臣のうち用のない者は追々引き取らせたいという内容である。これは翌日の二十八日に許可になっている。もう一通は、普請所の後片付けに関するもので、次のような内容であった。

①持場の境は取り払うのか。それともそのままでよいのか。
②持場は引き渡すのか。また引き渡しの日限などについては指図があるのか。
③元小屋をはじめ諸小屋は都合次第に取り払ってもよいのか。
④元小屋や人夫小屋の地所を地主に引き渡してよいのか。それとも役人方に引き渡すのか。

⑤普請に用いた諸品はそのままでよいのか。

同心の加藤は、前日に引き続いて旅宿で書き物をした。

昨日の梶野の書状について、鳥居からの返事が届いた。その内容は、お手伝い方の引き払いや引き続いての普請のことなどいろいろと御用が山積しているので、榊原が普請所に着いたうえで万事打ち合わせるべきであって、江戸に帰るから榊原に出立を見合わせろというのはいかがか、というものであった。

これに対して梶野は、二十三日付で老中の土井から申し渡しがあった引き続いての普請について、どうしても申し上げたいことがあって至急江戸に帰りたい、ついては榊原には明日途中で会って話し合いたいので承知してほしいとしたためて送った。

――梶野は、現場の意向も聞かず、次々と江戸の方で、それも鳥居や榊原の主導で決められてしまうことにいら立っていたようで意地になっている。こうした書状のやり取りだけでは埒が明かず、江戸に帰って直接話をしたいと考えたのであろう。

また別に鳥居から、引き続き普請をするとなったうえは、早急に費用の見積もりをするのはもちろんであるが、これまで働いていた人夫のうちからかなりの人数を確保し、直ちに普請に取り掛かるのがよろしいと思うので取り計らいを願いたいと書状が届いた。

――これについて、費用や堀割を取り調べ、普請所の受け渡しが済むまでおよそ二〇日も掛かり、その間数千人の人夫を確保したままだと日々の賃金だけでなく食べ物まで与えなければならないので不可解であると批判している。

〈閏九月二十八日〉

静かで、よい天気であったが、昨日より寒かった。夕方普請所に出た際は、綿入れ一つに袷羽織では少し寒すぎる方であった。

百川屋が人夫に賃金を払わないため、元小屋の表門に人夫頭七、八人と大勢の人夫が押しかけた。百川屋にはかねがね早々に勘定をするように達していたが、かれこれ理由をつけて延び延びにしていたのであった。不埒千万であるが、藩の外聞にもかかわるので、やむなく百川屋に金二〇〇〇両を貸し付け、人夫へ賃金を払わせ小屋を引き払わせた。そして百川屋の賄い方を明日までとし、明後日からは手賄いにして、百川屋を小屋から引き払わせることにした。

夕方、水替えの様子を検分した竹内は、はじめて仕掛けた蛇腹式の阿蘭陀水車を見てきわめてよい印象を持った。

この日、勘定奉行の梶野が馬加村の旅宿を立って江戸に帰った。また昨日馬加村に着いた勘定組頭の増田が、庄内藩の持場などを見回った。

梶野がぶちまけた不満

〈閏九月二十九日〉

曇りで、東風であった。いたって寒天で、八つ半時（午後三時）ごろより雨が降り、時折晴れたが、七つ時（午後四時）ごろから夜中にかけてかなり降った。夕方より普請所に出たが、綿入れ二つに袷羽織でも寒い方であった。

昨日目付の榊原が検見川村に着いたが、今日は庄内藩の持場を回るようだと幕府小人目付から話があり、留守居の矢口と場所奉行の辻が持場の境に出た。榊原は、勘定組頭の増田をはじめ徒目付や小人目付などを同道し、昼に元小屋に立ち寄った。元小屋の表門では、竹内、副奉行の都筑、普請割元の本間、勘定組頭の林、留守居中役の富樫が出迎えた。榊原は庄内藩の持場を見て引き返したが、明日は沼津藩の持場を回るということであった。

秋月藩の持場では、五つ時に幕府目付の榊原、勘定組頭の増田らによる検分があった。人夫雇い方引受人の孫兵衛の案内で海手の方から回り、貝淵藩の持場境で一同に暇乞いをして秋月藩は引き揚げた。夕刻、孫兵衛は、掛り役人の住居に招かれ、首尾よく済んだ骨折りとして酒肴を頂戴した。

同心の加藤は、庄内藩の人夫の騒動をはじめお手伝い方の風聞を御用状にしたためて江戸に送った。江戸にいた勘定奉行の梶野は、普請の見込について思っているところをぶちまける書状をしたためて、老中の土井に進達した。

この普請は天明の際に掘り悩んだ難場の堀割なので、川下から順々に掘り進める仕法で費用を見積もったところ、大名五家によるお手伝いとなった。同時の取り掛かりのため、自分の持場の普請さえよければほかの持場が困ろうとかまわなかったから、水の処理に差し障りが出てしまった。川下から順に掘っていれば雨水や湧水は自然に落ちるのに、人力で水の処理をしなければならなかったから手戻りが多くて掘り悩んでしまった。そのうえ、町方や目付方は普請についてあれこれと異論が多く、お手伝い方にしても不案内な土地だけに費用が掛かっても持場を完成させたいからと請負人に任せきりなので高い人夫賃金や諸品物代を払っている。

こうしてお手伝い方の費用が思いのほかかさんだので幕府の普請となり、引き続いて川下から順に掘る仕法に改まったが、これまでお手伝い方が諸費用を惜しまず大仕掛けにやったので人々の欲情は静まっていない。そこでひとまず普請所を引き払い、堀割周辺の村々をはじめ欲情が静まってから勘定方だけで普請にあたれば、完成に少々日数は掛かるが費用はそれほど高くはならない。

普請に目付方が立ち会っていたが、土木普請は木材の普請とは違って仕様の絵形のようにはならず、殊にこの堀割は土質が悪く、川幅何間と定めて川下から順に掘っても仕様のとおりにはならない。難場は川幅を考えずに水路を通し、すべての堀割が完成した後に水勢で押し開けば、川幅の狭い場所は自然と広がると考えている。そうすれば無益の人力を投入しなくても済むし、費用も少なくて済む。

この普請に目付方の立ち会いがあるとかえって妨げとなり、しかも天候に左右される普請なので、一日の遅れは数日の遅れになることもあるから、勘定方に一任でなければいろいろと差し障りを生じる。またお手伝い方が引き払った後に引き続き普請に掛かるといっても、これまでの費用や堀割の状況などいろいろと調べることがあるのですぐにはできかねる。調べが済んだらひとまず普請所を引き払い、当年はまもなく寒気になって普請は難しいので、明春まで見合わせるのがよいと思われる。

堀割はおよそ六分の出来で、五家の費用はおよそ金九万両ほどと聞いているが、今後の費用を金九万両と見込んでも最初の見積もりの金高で完成できる。これは勘定方に一任でなければとても完成することはできない。

梶野は勘定方に一任の普請を強く求めているが、その実は町方と目付方を代表者する鳥居と榊原の二人に対する批判であることは明らかである。

〈閏九月三十日〉

上天気であるが、時折雲が出て曇った。いたって寒天で、東北の風が冷たかった。夕方普請所に出た際は、綿入れ二つに袷羽織でも寒く、帷子を用いた。

目付の榊原から花島村の観音堂にお手伝い方の留守居が呼び出された。その場で、普請所の掘り立て方がよろしく追々進捗し、お手伝いの家臣重役の者はもちろんいずれも格別出精で骨折りと聞いているという老中の土井からの言葉が伝えられた。そしてこのことを主人にも伝えるようにと申し渡しがあったので、小屋詰めの面々に披露し、江戸に飛脚を遣わした。

江戸では、町奉行の鳥居が、お手伝いが御免となって人夫やお手伝い方の家臣が引き取っているので、与力・同心の掛りを御免にして引き払わせたいと老中の土井に伺い書を出していた。それが昨日伺いのとおり沙汰があり、この日与力の佐久間から与力の原宛に御用状が届いた。

与力・同心は明日出立することにし、榊原には検分先の沼津藩の元小屋で与力の原、同心の五島、植木から伝えた。そして同心の旅宿となった萱田村の孫右衛門に対し、手当として金二〇〇疋とほかに金一分二朱を遣わした。さらに同心六人の名前で、世話になった萱田村名主の喜八に金一〇〇疋、同村の長右衛門に金二朱、大和田村名主の小十郎へ金一〇〇疋をそれぞれ遣わした。与力の三人も、喜八、長右衛門、小十郎へ同心と同じ額を遣わした。長右衛門は与力・同心の旅宿ではなかったが、駕籠を預かっていたからであった。こうして与力・同心は江戸に帰ることになったが、勘定方や目付方の役人はこれからの普請の取り掛かりや費用などについてまだ決まっていなかったので、これまでどおり勤めるように沙汰があった。ただし秋月藩の持場を担当した勘定方や目付方の役人は、普請が完成したので江戸に帰った。

三　普請所の引き払い

元小屋の払い下げ

〈十月一日〉

終日終夜雨で、散々の天気であった。

竹内は、雨のため普請所には出なかった。普請所では不休で水車を動かしていたが、それでもかなりの手戻りになってしまった。

昨日、留守居の矢口が幕府勘定の渡辺に普請所の引き渡し手続きについて伺ったところ、取り調べはどうなっているのかと聞かれた。そこで、土坪数を取り調べ、普請費用の見積もりなどを差し出し、異存がなければ普請所を引き渡し、榜示杭を抜き取り、重役をはじめ家臣が引き揚げ、矢口や場所奉行の辻らが残って元小屋を片付けて地所を引き渡した後に引き払いの届けをして江戸に帰る心得でよいかと述べた。渡辺からはそのとおりでよろしいという回答があった。そこで、普請所の引き渡しの際、幕府の勘定奉行や目付は出役しないので、お手伝い方も重役などは出役せずに場所奉行くらいにすることでほかのお手伝い方と申し合わせの評議をした。

徒のうち二人が不要になり、今日庄内に下った。また足軽一四人と下座見一人が同様の理由で明日江戸に帰ることになった。

暁七つ時、与力の原、同心の加藤、五島、植木が萱田村を出立した。新宿で昼飯を食べ、夕七つ時に江戸の町奉行所に着いた四人はすぐに「御頭」の鳥居に面会し、原から普請所のようすを詳しく報告した。その後加藤は、大和田村名主の小十郎から受け取った草鞋代の金五両二分二朱と銭五四〇文を原の立ち会いで役所に渡した。この草鞋代は、浅草の千代松が作った草鞋三六〇〇足を小十郎方に送り、普請所の人夫に安い値段で売りさばいたものであった。

こうして普請所掛りの任をすべて終えた加藤は自宅へ引き取った。

〈十月二日〉

終日雨天で、暮れごろより追々晴れ模様になった。夜中は星も出た。

竹内は今日も雨天のため普請所には出なかったが、普請所ではこの雨続きで水車による水替えに手間取っていた。

この日、新兵衛・七九郎から真鴨一羽が届いた。

幕府目付の榊原が江戸に帰った。

〈十月三日〉

よい天気になったが、夕方は雲が出て時折曇った。

一昨日と昨日の雨で弁天の上で水が多くなって水替えができなくなったため、昨夕から水車を残らず野馬越へ移した。

竹内は夕方弁天の方から野馬越を検分し、暮れ前にまた弁天の方に回って元小屋に帰ったが、一向に水は減っておらず、切り上げた場所に所々痛んだ箇所もあった。その際綿入れ一つに羽織で回り、野馬越小屋では幕府勘定の渡辺にちょっと会った。

〈十月四日〉

夜前より雨が降るが強くはなく、今日も朝飯後に時折降るが、昼前からは晴れ曇りとなった。いたって寒い風であった。

鳥取藩との持場境の締切箇所を六尺ばかり切り、水替え水車を昼ごろまでに残らず取り払った。夕方、綿入れ二つに羽織で普請所を残らず回り、船で野馬越の土坪改めをした。これで土坪改めが終わった。野馬越小屋では幕府勘定の渡辺などに会った。

秋月藩は小屋を引き払い、掛り役人が馬加村の高砂屋、人夫雇い方引受人の孫兵衛が上総屋を旅宿として残務整理にあたった。

〈十月五日〉

曇りがちであったが、時折照った。寒い空で、夕方より追々晴れ上がり、夜中には快晴になった。ますます冷えが強まった。

竹内は昼過ぎ弁天より野馬越の辺りへ出たが、普請所では庄内人夫が水車などを片付けていた。また幕府勘定の渡辺の指示で、弁天では通路を切り、野馬越では中央を切って水を通して板橋を架けた。

新兵衛・七九郎、百川屋方とも土坪数の取り調べが終わり、今日からはもっぱら普請の見込みの取り調べに取り掛かった。

渡辺から、沼津藩では元小屋などをそのまま地元の者に譲っているので、庄内藩でも望む者があれば譲ってもよいと話があった。また普請所と元小屋地所は同時に受け取るが、元小屋地所については代官手代に渡すようにと話があった。

この日、人夫頭の恒吉が真鴨を持参した。竹内は断ったが置いて帰ってしまったのでもらうことにした。

〈十月六日〉

快晴であったが、今朝は高霜ではなはだ寒かった。夜中もよく晴れた。

夕方、竹内は弁天より野馬越辺りを回った
昨日大殿より竹内の長屋へ鵪一羽が下されたと知らせが届いた。

〈十月七日〉

今日も上天気であったが、高霜で昨日と同様に寒かった。昼ごろより少し雲が出たが、暮れにはまた快晴になった。

元小屋をはじめ足場板まで残らず、出入りの三河屋藤右衛門に金一三五両で譲ることになった。ただし水車、鍋、釜などは別扱いとした。

夕方、竹内は普請所を見回ったが、庄内人夫が足場板を片付けていた。これは百川屋の方で片付けなければならなかったのだが、人夫がいなくて延び延びになっていたので、やむをえず庄内人夫を出したのであった。

〈十月八日〉

今朝も高霜で寒かった。五つ時（午前八時）過ぎより雲が出て時折曇った。夜中より雨になった。

この日、竹内は普請所には出なかった。

普請所の引き渡し

〈十月九日〉

終日雨で、東風がかなり強かった。

普請費用の取り調べがようやく出来上がり、下書を野馬越小屋で幕府勘定の渡辺や徒目付に見せたところ、これでよいので清書して明日の昼ごろに野馬越小屋に持参するようにと申し渡された。これによって、明日、普請所と元小屋地所を幕府側に引き渡すことになった。

普請所と元小屋地所を引き渡した後、掛り役人が一斉に引き払うと道中の人馬雇いなどいろいろ差し障りがあるので、日をずらして出立するようにした。十日は、代官の加藤、同じく石井、取次の鳥海、医師の鳥海の四人が江戸へ上る。十一日は、竹内、副奉行の都筑、普請割元の本間の三人と足軽小頭、足軽が江戸へ上り、徒三人が庄内に下る。十二日は、郡奉行の山岸、徒目付二人、下座見、中間が江戸へ上り、足軽目付三人が庄内に下る。十三日は、留守居の矢口、留守居中役の富樫、留守居筆役、足軽二人が江戸へ上る。場所奉行の辻と勘定組頭の林は元小屋の片付けが終わってから江戸に引き揚げる。

この日秋月藩の掛り役人が江戸に帰ったが、人夫雇い方引受人の孫兵衛はもう二夜普請所にとどまってから引き揚げることにした。

（竹内の日記はこの日で終わっている）

〈十月十日〉

野馬越小屋に、幕府勘定組頭の増田、勘定の渡辺、徒目付の菊地、それに小人目付らが出席する中で、庄内藩からは留守居の矢口、場所奉行の辻、郡奉行の山岸の三人がまかり出て渡辺に普請費用の取調書を差し出した。取調書は受け取られ、直ちに普請所の引き渡しが行われることになった。

増田、渡辺をはじめ一同は、弁天にある沼津藩側の持場境の榜示杭を引き抜き、旗を外した。それより元小屋に行き、小屋が建っているままで地所の引き渡しが済むと、竹内と副奉行の都筑が出てこれまでの礼を述べるとともに暇乞いをした。まもなくして柏井村に移動し、鳥取藩側の持場境の榜示杭を引き抜き、旗を外した。その後、矢口や辻らによって野馬越小屋が取り壊された。

こうして幕府への引き渡しが万端滞りなく済んだので、総奉行という立場にあった竹内は「恐悦至極大安心」し、すぐさま飛脚を出して江戸の屋敷に知らせた。

その後竹内は、引き渡しが済んだ普請所をちょっと回ったが、安堵感とともに三か月の間のいろいろな思いが交錯したのではないだろうか。

〈十月十一日〉

竹内は、明け六つ半時に元小屋を出立し、暮れ前に新宿に着いたが、上天気でしあわせであった。副奉行の都筑や普請割元の本間も勝手次第に出立したが、都筑は竹内よりもかなり早かった。

この日、横戸村の墓地に土葬となった庄内人夫の仁兵衛、彦左衛門、甚吉の三人の墓石が建った。

〈十月十二日〉

明け六つ半時に新宿を出た竹内は、亀有通りより東都橋へ出て下谷の下屋敷に立ち寄り、大殿にご機嫌伺いをして、普請所の引き渡しが滞りなく済んだことや飼鳥を頂戴した礼を述べた。そこから上屋敷に行って、藩主にも普請所の引き渡しのことを報告した。

竹内にはまだ残務整理があったが、これで五か月に及ぶ総奉行としての仕事が終わったのも同然で、とにかくホッとした気持で自宅に戻ったにちがいない。普請所での生活はこれまでの人生の中で味わった経験がなく、その味は苦くて二度とはしたくない思いであったろう。

終章　堀割普請一件のその後

一　庄内人夫の帰国と家臣への称誉

庄内人夫の帰国

十月二日、大庄屋の久松宗作は、帰国する狩川通一三五人、中川通一七四人の合わせて三〇九人に付き添って普請所を出た。日程は一三日の予定であったが、多くの病人を抱えての道中は困難を極めた。歩けない病人のために馬を仕立てなければならなかったが、宿々で馬を確保するのが難しかった。そのうえ、「みちのく」に入って郡山を過ぎる辺りから風雪模様で、桑折で仙台道と分かれて小坂峠を越えるころは風雪がしきりになった。

十月十二日にようやく上山に着き、翌日山形へ向かったが、風雪がさらにいちだんと激しくなった。十四日も大荒天で、病人を「雪車」に乗せたりして雪の中を行ったが、歩みは遅かった。雪は翌十五日も降り続き、土生田（現村山市）辺りでは道がなくなるほどの積雪で、大難儀の末にようやく七つ半時（午後五時）ごろに清水（現山形県大蔵村）に着いた。病人は名木沢（現尾花沢市）から船に乗せた。十六日は天気で、最上川を下る船を確保するのに手間取ったが、何とか六つ半時（午後七時）ごろには清川（現立川町）に着いた。予定よりも二日遅れとなったが、清川では添川村（現藤島町）の者が大勢で久松らを出迎え、故郷に戻った庄内人夫はそれぞれの家路についた。

家臣への称誉

十月二十一日、庄内藩の江戸屋敷で普請にかかわった家臣に称誉があった。この称誉は、元文四年（一七三九）に庄内藩が勤めた日光山のお手伝い普請を先例として決められた。総奉行の竹内八郎右衛門は小袖一・銀子五〇、副奉行の都筑十蔵は小袖一・銀子三〇、同役の黒崎与助は小袖一・銀子一〇、勘定奉行兼普請奉行の服部慎蔵は小袖一・銀子一五、留守居兼場所奉行の大山庄太夫と矢口弥兵衛、それに普請奉行兼場所奉行の辻順治は小袖一・金二〇両、郡奉行の山岸嘉右衛門は小袖一・金一〇両、代官の加藤理兵衛と石井守右衛門は金一〇両、医師の鳥海良琢も金一〇両などとなっている。なお、普請中に病死した場所目付の加藤九助に金三両、代官の矢島逸策には金五〇〇疋の称誉があった。

その後国元でも称誉があり、後片付けのために最後まで残った大庄屋の矢田部外右衛門は金四両、斎藤隼之助、久松宗作、堀内蔵治の三人の大庄屋は金三両三分であった。そして村役人や庄内人夫にも手当が支給された。差配の村役人は一日につき称誉銭一〇〇文と手当銭二〇〇文、庄内人夫は働いた日が銭二〇〇文、休みの日が銭一〇〇文であった。

これとは別に、矢田部ら四人の大庄屋は、遊佐郷長橋村（現遊佐町）の小松幸策、荒瀬郷大窪村（現八幡町）の佐藤玄悦、京田通西郷興屋村（現鶴岡市）の小笠原道端の三人の医師に、称誉として薬を与えてほしいと願い出ている。追加の庄内人夫に付き添い、昼夜の別なく大勢の病人の治療に懸命であった医師に報いたいという気持からであろう。

鳥取藩では、十月五日から掛り役人が追々江戸に帰りはじめた。十六日には、これまで支出した普請費用金二万六二六〇両余の書上げを幕府勘定の大竹伊兵衛と目付方に差し出し、双方の役人の立会いのもとに元小屋地所や普請所を幕府勘定組頭の増田に引き渡した。こうして持場の引き渡しが完了し、十八日を最後にすべての家臣が引き払うと、十一月八日に江戸屋敷で称誉があった。

称誉は「延享之節」を先例としているが、これは『寛政重修諸家譜』（第五）に「甲斐国川々普請のことをたすけつとめしにより時服三十領をたまひ、家臣等にも物をたまふ」と記されている藩主重寛時代に勤めたお手伝い普請を指していると思われる。年号は寛延元年（一七四八）となっているが、この年の七月に延享五年が改まったものである。

その称誉は、総奉行を勤めた家老の乾八次郎が羽織一・熨斗目一・小袖一、副奉行の吉村牧右衛門が羽織一・小袖一、留守居の和田衛守が小袖一、残りの十三奉行も普請奉行の塩見織衛を除いて小袖一となっている。延享の際は総奉行にはさらに刀一腰があったが、乾の場合は普請所に出張しないで江戸にいたので与えられなかった。また塩見も出張しなかったので与えられなかった。称誉は軽輩の者までそれぞれあったが、臨時に雇い入れた江戸の町医師の上野顕斎には銀三枚が贈られた。そのほか、十三奉行には十一月末に江戸に帰ったことにして七月十八日からの分の出張手当を割り増ししたり、国元から出張した家臣には賄い料を支給したりするなど、さまざまな形で労をねぎらった。

秋月藩では、十一月十日、人夫雇い方引受人であった孫兵衛に残りの金五七両三分二朱余を支払った。これまで一一回にわたって孫兵衛に渡しており、支払った金額は合わせて金一万七両三分二朱余となった。そのほとんどは人夫の賃金であった。

幕府からの称誉

普請所に満ちあふれていた雇い人夫が潮が引くように去り、お手伝い大名の掛り役人が引き払った後の普請所は、それまでの喧騒が嘘のように静まり返った。普請は幕府に移ったものの、目立った進展はなく、時だけが過ぎて、翌弘化元年の六月十日に印旛沼堀割普請は中止となった。

八月十五日になって、幕府からお手伝い普請の御用を勤めた大名に称誉があり、鳥取藩主の池田慶行は時服三〇、秋月藩主の黒田長元と貝淵藩主の林忠旭は時服一〇、庄内藩主の酒井忠発は時服一五を賜った。

ここに沼津藩主の水野忠武が入っていないのは、七月に卒去していたからであった。そのため九月二十日になって、二日に家督が許されたばかりの養子の忠良が時服を賜った。

お手伝い普請の大名の家臣にも称誉があった。前の四藩の家臣は八月二十一日、沼津藩の家臣は九月二十二日であった。主なものをあげると、鳥取藩では総奉行の乾八次郎が銀五〇・時服五・羽織一、副奉行の吉村牧右衛門が銀五〇・時服五・羽織一、庄内藩では副奉行の都筑十蔵、黒崎与助が銀二〇・時服三・羽織一、勘定奉行兼普請奉行の服部慎蔵、留守居兼場所奉行の大山庄太夫、矢口弥兵衛、場所奉行兼普請奉行の辻順治が銀二〇・時服二・羽織一、秋月藩では総奉行の吉田縫殿助が銀三〇・時服三・羽織一、貝淵藩では総奉行と考えられる大野慎平が銀三〇・時服三・羽織一、沼津藩では総奉行の土方縫殿助が銀三〇・時服三・羽織一であった。

この中に庄内藩の総奉行を勤めた竹内八郎右衛門が含まれていないが、竹内は年が明けてすぐに体調をくずして一月六日に病死していたためである。四六歳であった。竹内は、鍬入れからずっと普請所に詰めていて、副奉行の都筑と交代したのは普請が二か月余経過してからであった。それも江戸にいたのは一六、七日で、お手伝いの任が解かれるとすぐさま再び出役して後始末にあたった。普請所では、幕府役人への対応をはじめとにかく普請が順調に進捗するように気を遣い、病人が数多く出て家臣や庄内人夫に病死する者もいて心を痛め、体を休める小屋はほかの人々に比べれば恵まれているとはいえ粗末なものであった。こうしたことから、肉体的にも精神的にも心労が重なり、それが癒えないまま江戸に引き揚げてからわずか二か月余で生涯を終えたのである。

二　幕府普請掛り役人のその後

梶野の罷免

最後に、大名らの任が解かれた後、普請にかかわった幕府側の役人にどのような動きがあったかを追っておこう。

天保十四年十月九日、勘定奉行の梶野が御役御免となった。この普請の責任を負わされた形だが、閏九月二十九日に町方と目付方を批判して勘定方に一任の普請を主張したことが起因しているのであろう。

支配勘定の横田源七は、梶野の御役御免について驚くとともに、どのような理由なのか納得できないと憤慨した。そして、もし普請が理由ならば、町奉行の鳥居と目付の榊原も同様でなくてはならないのに、二人がそのままというのは不審で、勘定奉行を勤められていては邪魔だから、姦計によって罪に陥れられたにちがいないときめつけた。翌十日には榊原が勘定奉行に就任し、梶野に代わって「印旛沼古堀修復の事」を命じられたので、余計にその思いが強くなったことであろう。

目付の戸田氏栄は、普請中の九月二十四日に駿府町奉行に転じていたが、十月十五日になって赴任の暇が下された（戸田は、その後日光奉行、浦賀奉行などを歴任し、最後は大坂町奉行を勤めている）。

鳥居は、町奉行の職務が多忙という理由で十月十六日に兼任していた勘定奉行の職を解かれた。

鳥居をめぐる人々の処罰

弘化元年六月十日に印旛沼堀割普請が中止となり、二十一日に水野忠邦が老中に復帰すると、新たな展開を迎えた。まず八月二十二日に榊原が御役御免となったのをはじめ、九月六日に鳥居、そして十二月六日には勘定組頭の金田と続いた。鳥居と榊原は水野派であったが、上知令の問題で寝返っていたので、その報復人事であった。

翌弘化二年二月になって、老中の水野が病気を理由に辞任した。三月、将軍から水野に対し、高島秋帆の一件について、重職にありながら身分をかえりみず鳥居に指図して不正の吟味をしたのは不届きであるので、事実を詳しく申すようにとの上意があった。高島は長崎の人で、町年寄や長崎会所頭取を勤め、高島流の砲術家として知られ、天保十二年五月には幕府の命により武蔵国の徳丸原で洋式砲術の演習をしたが、翌十三年十月に鳥居や長崎奉行によって長崎で捕らえられていたのであった。

将軍の上意があってから約六か月後の九月二日、水野は勤役中の不正を理由に二万石を減封されるとともに隠居・蟄居を命じられた。天保の改革を強く推し進めた水野であったが、最後は政治責任を問われて懲罰処分を受けてしまった。家督五万石は子の忠精が継いだが、父に連座する形で十一月には出羽国山形への転封を命じられた。

懲罰は水野だけにとどまらず「水野の三羽烏」らにも及び、十月三日に裁決が下った。これには、手先となって探索活動をしたにもかかわらず裏切られた石河疇之丞と浜中三右衛門が洗いざらいを告発した嘆願書が決め手となった。

鳥居は讃岐丸亀藩主の京極高朗にお預け、子の中奥番の久五郎（二六歳）と五男の保五郎（一八歳）は父に連座して改易となった。鳥居はこの時五〇歳で、これから大赦になる明治元年まで丸亀の地で過ごすのである。また書物奉行の渋川（三五歳）は豊後臼杵藩主の稲葉観通にお預け、金座の後藤（五〇歳）は町人という身分のゆえに死罪に処せられた。

そのほか、榊原は目付時代の振舞を咎められて閉門に、鳥居の腰巾着であった金田（三九歳）は懇意にしていた浜中に探索を頼むなど不届きという理由で遠流にそれぞれ処せられた。金田の子の丑之助は父に連座して十月十六日に追放となった。それに与力の佐久間（三七歳）が御暇、同心の小倉（五二歳）が押込に処せられた。この処罰は、大御所家斉の側近であった側衆の水野忠篤が水野忠邦によって退けられたことに恨みをいだいて呪詛をしているとでっち上げた武蔵大井村教光院了善一件に関してであった。

堀割普請にかかわった幕府役人の中に、こうして後に処罰を受けた者がいるが、それらはすべて鳥居絡みであった。哀れといえば哀れ、当然の報いといえば当然の報いであるが、残暑から冷気へと季節が移り変わる期間、普請所でそれぞれの職務にあたった事実は消えることはない。

この弘化二年という年は、病死した庄内人夫一九人の三回忌にあたった。大庄屋の久松宗作は普請所で四、五人の臨終に立ち会ったが、いずれも目を怒らし、何となく残心のようすが見え、中には死後も目を閉じない者もいて、誠に愁傷で言葉もなかった。そこで九月に添川村（現藤島町）の永鷲寺で三回忌の法要を営もうとして一九人の遺族に知らせたが、法要に参列した者は一人もいなかったという。

参考文献

『新訂増補国史体系　続徳川実紀』第二篇　吉川弘文館　一九九一年
『新訂寛政重修諸家譜』第二　続群書類従完成会　一九八三年
『近世庶民生活史料　藤岡屋日記』第二巻　三一書房　一九八八年
『浮世の有様』（『日本庶民生活史料集成』第十一巻）　三一書房　一九七一年
『続保定記』（『紀元二千六百年記念　房総叢書』第十巻）　紀元二千六百年記念房総叢書刊行会　一九四三年
『蠹余一得㈠』（『内閣文庫所蔵史籍叢刊』第三巻）　汲古書院　一九八一年
織田完之『印旛沼経緯記』　崙書房　一九七二年
『鶴岡市史』上巻　鶴岡市　一九六二年
『八幡町史』上巻　八幡町史編さん委員会　一九八一年
『山形県史』資料編一七　山形県　一九八〇年
『遊佐町史資料』第四号　遊佐町史編さん委員会　一九七九年
『八千代市の歴史』　八千代市史編さん委員会　一九七八年
『天保期の印旛沼堀割普請』　千葉市史編纂委員会　一九九八年
『新編庄内人名辞典』　庄内人名辞典刊行会　一九八六年
『荘内史要覧』　鶴岡市　一九八五年
北島正元『水野忠邦』　吉川弘文館　一九六九年

斎藤正一『庄内藩』 吉川弘文館 一九九〇年
藤田覚『天保の改革』 吉川弘文館 一九八九年
藤田覚「天保改革と対外的危機―天保十四年印旛沼工事をめぐって―」(『日本史研究』第一九三号) 一九七八年
阿部正巳「荘内藩印旛沼疎水開鑿顛末」(『歴史地理』第六八巻第二・三・四号) 一九三六年
須田茂「江戸時代印旛沼堀割り工事の歴史―特に天保十四年鳥取藩の場合―」(『千葉いまむかし』第四号) 一九九一年
須田茂「天保十四年沼津藩の印旛沼堀割り工事」(『千葉史学』第一九号) 一九九一年
須田茂「天保十四年筑前国秋月藩の印旛沼堀割り工事」(『千葉いまむかし』第六号) 一九九三年
須田茂「天保十四年印旛沼堀割り普請と秋葉孫兵衛」(『千葉いまむかし』第一〇号) 一九九七年
高野栄美「天保十四年沼津藩の印旛沼堀割工事」(『千葉いまむかし』第六号) 一九九三年
鏑木行廣「天保期印旛沼工事と鳥居甲斐守の検分」(『成田山教育・文化・福祉財団研究紀要』第十一号) 一九八一年
鏑木行廣「天保期印旛沼工事―江戸町奉行所与力・同心の動向を中心にして―」(『史談八千代』第六号) 一九八一年
鏑木行廣「天保期印旛沼工事における庄内藩の人足」(『史談八千代』第八号) 一九八三年
鏑木行廣「天保期印旛沼工事人足の葬礼―庄内藩の人足を中心に―」(『史談八千代』第一〇号) 一九八五年
鏑木行廣「天保期印旛沼堀割工事―出羽国庄内藩を中心に―」(『千葉いまむかし』第四号) 一九九一年
鏑木行廣「天保期印旛沼工事と町奉行所与力・同心」(『近世房総の社会と文化』) 高科書店 一九九四年

あとがき

最後の印旛沼堀割普請から一五〇年が過ぎた。庄内藩岡田村（現山形県遊佐町）肝煎の六左衛門が普請所から記念にと持ち帰ったムクノキが、今は県指定の天然記念物になっている。県内に生育するものとしては最大であるという。また、ムクノキと一緒に持ってきた冬青樹（モチノキ）は町指定となっている。これも縁である。

完成しなかった堀割は昭和四十年代になってようやく一つに結ばれ、印旛沼の水位を調整する水資源開発公団大和田排水機場を間にして、印旛沼寄りの八千代市側が新川、東京湾寄りの千葉市側が花見川と呼ばれている。普段はそれぞれに流れているが、排水機場のゲートが開けば、水は新川から花見川へと落ちていく。

庄内藩の元小屋があった場所はゴルフ場となり、川沿いには次々と住宅が建ち、川は生活排水などで汚れが目立っているが、新川と花見川は釣り、サイクリング、ジョギング、散歩にと憩いの場として多くの人々に利用されている。こうして堀割普請の跡は大きく変貌したが、千葉市横戸の弁天橋から望む景観は往時の名残をとどめ、不幸にも普請中に死亡して葬られた庄内人夫の仁兵衛が横戸の墓地に、三人の現地雇い人夫が天戸の墓地に、それに天明期の人夫が柏井の墓地にひっそりと眠っている。

新川と花見川が、江戸時代に幕府から命じられたお手伝い大名によって巨額の費用と大量の人夫を投入して実施された堀割普請の跡で、そこには痢病や傷寒を患って失意のうちに病死した犠牲者がいたということを忘れてはならない。仁兵衛の墓石には「後の人憐みて、これを発くことなかれ」と刻まれているが、これは語り継いでいかなければならない歴史の一コマであると思う。

本書をまとめるにあたって、山形県鶴岡市立郷土資料館、山形県平田町の久松俊一家、船橋市立西図書館などの史料閲覧の機会、八千代市史編纂委員会や千葉市史編纂委員会などによる史料調査の便宜、さらには多くの方々の協力、このように恵まれた環境にあったことを忘れてはならないと思っている。なお刊行に際しては、出版社への紹介の労をとっていただいた法政大学助教授の根崎光男氏、わがままを聞き入れていただいた同成社の山脇洋亮氏に大変お世話になり、言葉や文章では言い尽くせないものがある。ここに感謝の意を表する次第である。

二〇〇一年一一月

著　者

天保改革《てんぽうかいかく》と印旛沼普請《いんばぬまふしん》

著者略歴

鏑木行廣（かぶらき　ゆきひろ）

1947年　北海道に生まれる。

1971年　國學院大学卒業。

現在、成田高校教諭。

主要著書

『佐倉惣五郎と宗吾信仰』崙書房出版、1998年

現住所　〒276-0034　千葉県八千代市八千代台西7-2-35

2001年11月30日発行

著　者　鏑　木　行　廣

発行者　山　脇　洋　亮

印刷者　㈲平電子印刷所

発行所　東京都千代田区飯田橋4-4-8
東京中央ビル内　　同成社
TEL　03-3239-1467　振替00140-0-20618

ISBN4-88621-236-0 C3321